农村政策与管理系列丛书

主编　崔富春

农村中小学管理

成文凯　李印霞　赵永峰　编著

中国社会出版社

总序　造就新农民　建设新农村

李学举

党的十六届五中全会作出了建设社会主义新农村的战略部署。在社会主义新农村建设过程中，大力发展农村文化事业，努力培养有文化、懂技术、会经营的新型农民，既是新农村建设取得进展的重要标志，也是把社会主义新农村建设不断推向前进的基本保证。

为落实中央的战略部署，中央文明办、民政部、新闻出版总署、国家广电总局决定，将已开展三期的“万家社区图书室援建和万家社区读书活动”由城市全面拓展到农村，“十一五”期间计划在全国三分之一以上的村委会开展农村图书室援建和读书活动，使两亿多农民由此受益，让这项造福城市居民的民心工程同时也造福亿万农民群众。中央领导同志对此十分重视，中共中央政治局委员、国务院副总理回良玉同志作出重要批示：“发展农村文化事业是新农村建设的重要内容，也是农村发展中一个亟待加强的薄弱环节。在农村开展图书室援建和读书活动，为亿万农民群众送去读得懂、用得上的各种有益书刊，对造就有文化、懂技术、会经营的新型农民，满足农民全面发展的需求，将发挥重要作用。对这项事关农民切身利益、事关社会主义新农村建设的重要活动，要精心组织，务求实效。”

中共中央政治局委员、中央书记处书记、中宣部部长刘云山同志也作出重要批示。他指出：“万家社区图书室援建和万家社区读书活动，是一项得人心、暖人心、聚人心的活动，对丰富城市居民的文化生活、推动学习型社区建设发挥了重要作用。这项活动由城市拓展到农村，必将对丰富和满足广大农民群众的精神文化生活，推动社会主义新农村建设发挥积极作用。要精心组织，务求实效，把这件事关群众利益的好事做好。”

为了使活动真正取得实效，让亿万农民群众足不出村就能读到他们“读得懂、用得上”的图书，活动的主办单位精心组织数百名专家学者和政府相关负责人，编辑了“建设社会主义新农村书屋”。“书屋”共分农村政策法律、农村公共管理与社会建设、农村经济发展与经营管理、农村实用科技与技能培训、精神文明与科学生活、中华传统文化道德与民俗民风、文学精品与人物传记、农村卫生与医疗保健、农村教育与文化体育、农民看世界等10大类、1000个品种。这些图书几乎涵盖了新农村建设的方方面面。“书屋”用农民的语言、农民的话，深入浅出，使具有初中文化水平的人就能读得懂；“书屋”贴近农村、贴近农民、贴近农村生活的实际，贴近农民的文化需求，使农民读后能够用得上。

希望农村图书室援建和农村读书活动深入持久地开展下去，使活动成为一项深受欢迎的富民活动，造福亿万农民。希望“书屋”能为农民群众提供一个了解外界信息的窗口，成为农民学文化、学科技的课堂，为提高农民素质，扩大农民的视野，陶冶农民的情操发挥积极作用。同时，也希望更多有识之士参与这项活动，推动农村文化建设，关心支持社会主义新农村建设。

值此“新农村书屋”付梓之际，以此为序。

目　录

第一章　绪　论

第二章　农村中小学制度建设

第三章　农村中小学内部管理体制

第四章　农村中小学教学管理

第五章 农村中小学班级管理

第六章 农村中小学德育建设

第七章 农村中小学总务后勤管理

第八章 农村中小学安全管理

第九章　农村中小学教师管理

第十章　农村中小学校园文化建设

第一章 绪 论

一、农村中小学管理的重要性

“百年大计，教育为本。”温家宝指出：教育是国家发展的基石，关系到民族兴旺、人民福祉和国家未来。

2000年之后，国家对基础教育进行了大量的投资，先后实行“贫困地区义务教育工程”、“农村寄宿制初中工程”、“西部两基攻坚工程”、“贫困地区两免一补工程”，直至全部免除了义务教育阶段学生学杂费，农村中小学发展的状况有了较大改观。在这种情况下，农村中小学管理薄弱的问题就显得相对突出，成为制约农村基础教育发展的一大问题。

在新的形势下，为了加快农村中小学教育的发展，深化农村基础教育改革，实施科教兴国战略，体现教育公平，解决“三农”问题，促进农村社会、经济的全面、协调、可持续发展，必须加强对农村中小学管理。

（一）加强农村中小学管理是实现科学发展的关键

党的十六届三中全会提出了“坚持以人为本，树立全面、协调、可持续的发展观，促进经济社会和人的全面发展”。在党的十七大报告中，胡锦涛总书记再次明确指出：科学发展观第一要义是发展，核心是以人为本，基本要求是全面协调可持续性，根本方法是统筹兼顾。

观就是观念，是指人的思想观念，是一种认识和处理问题的根本态度和方法。一切经济、社会的发展是由人的有意识、有目的的活动所构成的。由此看来，要实现科学发展，关键是要在人们的思想上真正树立起“以人为本，树立全面、协调、可持续的”科学发展的观念，协调好人口、资源、环境、发展之间的关系，以解决经济社会发展深层次的矛盾。

科学发展观属于世界观的组成部分。世界观人皆有之，但是，科学的世界观、科学的发展观是不会自发形成的，需要在实践的基础上自觉接受教育，学习科学文化知识，学习马克思主义科学世界观，克服各种唯心主义、形而上学的错误价值观影响，转变主观世界，才能真正树立起科学的世界观、科学的价值观、科学的发展观。

由此可见，教育对于科学发展观的落实具有至关重要的意义。

目前，在我国这个拥有13亿人口的国家中，约有54.3%的人口分布在农村（见表1－1）。发展农村基础教育，对于实现科学发展，将人口大国转变为人力资源强国意义重大，而农村基础教育的发展，离不开科学、规范的管理和完善的制度。因此，加强农村中小学管理，创建科学化、制度化、规范化、人文化的育人环境势在必行。

表1－1 2008年人口数及其构成（国家统计局） 单位：万人

指标	年末数	比重（%）
全国总人口	132802	100
城镇	60667	45.7
乡村	72135	54.3
0～14岁	25166	19.0

（二）加强农村中小学管理是科教兴国的必然趋势

国家兴盛，人才为本；人才培养，教育为本。在财富向知识致敬的时代，教育的作用更加凸显。

1995年5月6日颁布的《中共中央国务院关于加速科学技术进步的决定》，首次提出在全国实施科教兴国的战略。江泽民在会上指出：“科教兴国，是指全面落实科学技术是第一生产力的思想，坚持教育为本，把科技和教育摆在经济、社会发展的重要位置，增强国家的科技实力及实现生产力转化的能力，提高全民族的科技文化素质。”同年，中国共产党第十四届五中全会在关于国民经济和社会发展“九五”计划和2010年远景目标的建设中把实施科教兴国战略列为今后15年直至21世纪加速我国社会主义现代化建设的重要方针之一。1996年，八届全国人大四次会议正式提出了国民经济和社会发展“九五”计划和2010年远景目标，“科教兴国”成为我们的基本国策。

落实科教兴国战略就要把“经济建设转移到依靠科技进步和提高劳动者素质的轨道上来”。科教兴国思想的核心内容是坚持教育为本、把教育摆在优先发展的战略地位，邓小平同志认为，教育是一个民族最根本的事业，担负着提高劳动者素质和培养专门人才的重要任务。发展教育不仅是经济持续增长、科技发展创新、社会全面进步的必要条件，而且是提高全民族素质、把沉重的人口负担转化为人力资源优势、加快我国现代化建设步伐的一条必由之路。

基础教育是整个教育体系中的重中之重，是一项奠基工程。农村基础教育肩负着教育优先发展、全面推进素质教育，以适应经济社会发展对知识和人才长远需要的重任。目前，相对滞后的农村中小学教育难以担当这样的重任，是基础教育中的薄弱环节，严重影响着科教兴国战略的落实。

切实搞好农村中小学教育需要国家完善相应的政策、法律、法规，需要人力、物力、财力的投入，需要社会各方面的关注和重视，等等。其中，加强农村中小学管理，改善农村中小学校的育人环境是深化农村教育改革，优化农村教育结构，办好农村基础教育，提高农村人口素质，促进农村未来发展向依靠科学技术和素质的内涵式方向转变的必不可少的重要一环。

（三）加强农村中小学管理是实现教育公平的需要

党的十七大报告指出，“教育是民族振兴的基石，教育公平是社会公平的重要基础”。这就表明，促进教育公平，在我们党领导人民全面建设小康社会、构建社会主义和谐社会的进程中，是一项具有全局性、战略性的任务，也是我国教育改革和发展坚定不移追求的目标。

教育公平应该包括三个层次的内涵：一是确保人人都享有平等的受教育的权利和义务；二是提供相对平等的受教育的机会和条件；三是教育成功机会和教育效果的相对均等。教育的公平问题已经成为中国社会的焦点问题，关系着广大人民群众的切身利益，关系着国家和地区的经济社会发展。

农村中小学教育的相对落后，是制约实现教育公平的重要因素。长期以来，我国农村基础教育发展不均衡，在教育发展水平、普及程度、办学条件、教育投入、教育机会、教育资源等方面都存在着较大的差异性。这种教育发展的不均衡性，对我们所追求的教育公平是一个严重的挑战。而教育的不公平会影响到人今后的就业不公平甚至一辈子的不公平，会引发整个社会的不公平乃至危机。

近年来，随着国家财政保障的日益到位，全国范围内义务教育阶段辍学率不断下降，回流学生增加。但是，农村义务教育阶段学生辍学问题仍然相当严重，农村学生辍学率远远高于城市，而且不同地区、同一地区的不同学校还存在着较大的差异性，有不少农村学校的学生辍学率超过了50％。

在推进教育均衡发展、实现教育公平过程中，必须高度重视农村基础教育的发展。农村中小学也必须按照科学发展观的要求，通过加强内部管理，提高自身的教育教学水平，实现内涵式发展，为广大农村适龄儿童少年提供平等地接受教育的机会，从根本上确保我国农村基础教育持续、协调、均衡地发展，从而保证农村社会的稳定，为新农村建设和和谐社会建设提供源源不断的较高素质的劳动者，变制约发展的因素为促进发展的基础。

（四）加强农村中小学管理是教育的本质要求

关于教育的本质，不同历史时期、不同国家、不同社会地位的人们有着不同的认识。《中庸》有曰："天命之谓性，率性之谓道，修道之谓教。"巴格莱认为："我们把社会进化定义为积累和提炼人类知识的进步过程，在最广泛的意义上讲，教育则是传递这些知识的过程，或者说教育是传递人类积累的知识中具有永久不朽价值的那部分的过程。"《中国大百科全书·教育卷》解释是："教育是培养人的一种社会现象，是传递生产经验和社会生活经验的必要手段。"

笔者认为：教育是人类文化的一种传承活动和催化活动，是连接过去和未来的中介。从本质上讲，现代教育是以促进人的发展、社会的进步为目的，以传授知识、经验为手段，培养人的社会活动。

据此，以培养和发展受教育者为主要目标，塑造和构建学生个性人格，发展学生主体性是现代教育的本质。新修订的《义务教育法》对实施义务教育的学校提出了更高的要求，在教育教学活动中，要注重培养学生的独立思考能力、创新能力和实践能力，促进学生全面发展，把受教育者培养成为"能够自主地、能动地和创造性地进行认识活动和实践活动的社会主体"，这正体现了教育的本质要求。

然而，长期以来多数农村地区的中小学教育却处于盲目状态，对于基础教育的本质认识不清、目的不明，把教育的手段——知识的传授当做教育的目的，甚至把考试的成绩作为唯一的目标，受教育的主体——学生成了教师、学校的各种"率"服务的机器。课堂上老师教、学生学，学生之间、学生与老师之间交流机会匮乏、交流模式单一，主体的活力被扼杀。结果，造就了大量的"书呆子"或"厌学症"患者。这是对人的极大不尊重！

要彻底改变这种状况，实现农村中小学教育的科学发展，必须切实加强农村中小学管理，以科学发展观为指导深化教育教学改革，提高办学水平，从而培养和造就具有主体意识、主体能力和主体人格的全面发展的人，适应社会发展对教育的要求。

（五）加强农村中小学管理是解决“三农”问题的根本出路

农业问题、农村问题、农民问题即“三农”问题，始终是关系中国社会经济发展全局的根本问题，也一直是党和政府所关注的重点。就如何从根本上解决“三农”问题，也存在许多不同的观点，诸如“发展乡镇企业”、“土地私有化”、“农业产业化、农村城镇化、农民市民化”等，所谓“仁者见仁、智者见智”。

我们也不妨对“三农”问题作一个简要的分析。一般来说，农业问题就是要解决农产品的生产和供给问题，农村问题就是要解决农村的经济、政治、社会和文化等方面的发展水平和速度问题，农民问题就是要解决农民增加收入的问题。简言之，“三农”问题就是解决农民增收、农业增长、农村稳定的问题。作为一个农业大国，“三农”问题关系到我国的国民素质、经济发展，关系到社会稳定、国家富强。

“三农”问题实际上是一个居住地域、从事行业和主体身份三位一体的统一的问题，三个问题必须从整体上考虑。我们不难发现，解决这三个问题的根本是人，即农民的素质，这是“三农”问题的内因，是诸多矛盾中的主要矛盾，“城市化”、“市民化”绝不仅仅是简单的户口等问题，更重要的是需要具备现代“市民”的素质。农民是农村全面建设小康社会的主体，农民素质水平的高低将直接决定全面实现农村小康社会的步伐，是影响农村经济和社会持续发展、构建和谐社会的重要因素。

提高农民素质，离不开教育，基础教育在“农民素质教育工程”中处于不可替代的奠基地位。只有不断加强和完善农村中小学管理，通过改革，打造符合现代社会发展要求的高素质学校，才能为提高农民素质奠定坚实的基础，才能造就千百万有文化、懂技术、会经营的新型农民，才能建设好“生产发展、生活宽裕、乡风文明、村容整洁、管理民主”的社会主义新农村，才能从根本上逐步解决“三农”问题。

二、农村中小学管理存在的问题

管理就是计划、组织、指挥、协调和控制的过程。就学校管理而言，涉及教学、科研、学生、班级、行政、后勤、财务、资产等多个方面。农村中小学的发展是我国基础教育的重要组成部分，然而相对落后的管理却成为制约其发展的主要因素。

目前，我国农村中小学管理方面存在着诸多困难和问题。

（一）师资力量薄弱

教师是学校可持续发展的基本要素，没有一支高素质的教师队伍，就不可能有一个好的学校，但由于历史、地理环境、教育发展不均衡等因素，造成了当前农村中小学师资力量相对薄弱。主要表现在：

1. 教师素质较低

目前，农村中小学的教师中大多是民办教师转聘而来的，年龄结构偏大，而新录用的优秀师范院校毕业生很难补充进来，呈现青黄不接的局面。加之信息闭塞，学习、进修的机会少，导致当前的农村中小学教师中普遍存在知识老化、观念陈旧、教学方法简单、现代教学手段匮乏（某农村初中 33 名专任教师中，只有 2 人初通计算机操作）的问题，严重制约农村中小学的发展。

由于对教师缺乏系统、规范的管理，使得长期工作在农村学校的教师缺乏竞争意识、创新理念，没有危机感、紧迫感、责任感，工作缺乏激情，习惯松散等，导致农村素质教育和新课改工作进程受到很大的阻碍，教学质量的提高受到严重影响。

2. 教师队伍结构欠佳

除年龄结构老化外，还存在着学科配备失衡、骨干教师匮乏、学历职称“断层”等诸多问题。

——年龄结构老化。据抽样调查显示：某乡镇的初中和小学教师，年龄在30岁以下的只占8.9%；年龄在30～50岁的占37.4%；年龄在50岁以上的占53.7%。

——学科配备失衡。多数农村学校，特别是经济相对落后的边远地区中小学，除语文、数学课程外，其他学科90%以上无专任教师配备，或由所谓“主课”教师兼任，或由行政、教辅人员担任或临时外聘。

——骨干教师匮乏。农村中小学中骨干教师属于“稀有动物”，据抽样调查显示：获得教学能手、骨干教师、学科带头人称号的教师，县级的为5.9%，市级的为0.3%，省级以上的为0%。

——学历职称“断层”。据教育部公布的数据，2007年农村中小学初中、中专任教师学历合格率分别达98.7%和96%，但部分农村地区中小学教师学历合格率仍然不足50%。具有中高级职称的教师相对稀少，数据显示：具有中级职称的只占14.9%，具有高级职称的仅有1.1%。

3. 教师队伍不稳定

令人堪忧的是，由于工资待遇、生活环境、工作条件等原因，农村特别是边远地区中小学，人才流失严重，教师“跳槽”普遍——不是调入城镇学校，就是调离教育系统，或者通过考研、考公务员、下海经商等方式离开教师岗位，还有一些农村教师厌恶教学工作、渴望早退休，这使得本来就落后的局面更加“雪上加霜”，个别地方甚至出现无师可教、无课可上的局面。

农村教师队伍不稳定，尤其是农村骨干教师流失严重，已是不争的事实，并有加剧的趋势，严重制约了农村教育的发展。保持农村教师队伍的相对稳定已成为当前农村教育发展的紧要课题。

（二）课程设置不平衡

基础教育阶段的课程，从课程设置、课程标准、教学大纲、教材编制、教学时数到教学进度，都是由国家根据适龄儿童、少年的成长特点等实际情况统一规定的。虽然存在对于广大农村地区缺乏广泛的适应性等问题，但应当肯定，这对保证学校基本教学质量具有重要的意义。

从农村学校的课程表来看，课程设置基本符合国家要求，不存在多大问题，但实际情况就大不一样了。

1. “文化课”挤占其他课

在农村中小学，“文化课”挤占体育、艺术、品德、科学、信息技术等课程的现象已司空见惯，从学校领导到教师普遍认为“文化课”重要，其他课应该让路。殊不知，文化的内涵是广博的，岂能只是语文、数学等课程。

2. “主课”排挤“副课”

在“文化课”中，又存在“主课”排挤“副课”的现象。所谓“主课”主要是说语文、数学、英语，其他则属于“副课”。多数农村学校语、数、英“横行霸道”，教师霸气十足，其他“副课”靠边休息，甚至活动时间也被“主课”占领。

3. 只开“统考”课程

更有甚者，不少地方的农村初中学校只开设中考要考的课程，其他地理、生物、音乐、美术等凡中考不考的科目一律不开设。片面强调学生升学的需要，把传统学科课程摆在绝对优势的地位，课程结构单一、内容割裂、比例失调。

“应试教育”思想在人们的头脑中根深蒂固，以升学率的高低来衡量教育质量是导致上述现象产生的主要原因。这种状况已经严重影响了学生素质的提高和全面发展，农村中小学急需规范课程管理。

（三）教学资源匮乏

近年来，农村基础教育的发展受到党和政府的高度重视，投入巨额资金实施了“两免一补”政策，建立了农村学校公用经费新机制，实施了农村教师特设岗位计划，启动了新一轮的农村学校危房改造工程等。可以说，以往制约农村基础教育发展的各种困难正在逐步得到解决。然而，调查显示，农村中小学教学资源仍然相对匮乏，存在一系列遗留问题和新问题。

1. 师资。如前所述，目前，农村中小学的教师队伍存在着素质偏低、责任心差、结构欠佳、队伍不稳、师资匮乏等诸多问题，农村教师流动补充也难以有效解决师资力量薄弱的问题。

2. 资金。经费问题仍然是制约农村中小学发展的最大障碍。受益于“两免一补”政策，许多失学、辍学儿童回到学校，免费享受义务教育。与此同时，随着学生人数不断增多，贫困地区教育资源不足的问题再次凸显，尤其是寄宿制学校规模小、管理人员缺乏、配套设施跟不上等问题更为突出。而要使这些基本资源到位，意味着需要增加更多的投入。

3. 设施。由于经费不足，导致教学设施设备难以配套。主要表现在：图书资料缺乏，教师教学、学生扩展知识面存在较大困难；音、体、美器材设备短缺，许多正常的音、体、美教学无法开展；实验仪器设备不配套，按照新课程对中小学仪器配备的新标准、新要求，农村学校仪器缺口更大；现代教学设备技能欠缺，计算机和网络对于很多农村中小学来说只是传说中的东西；校舍简陋、安全隐患多问题也有待进一步解决；等等。

凡此种种，已经成为农村中小学管理和发展的重大障碍。

（四）管理制度不健全

教育是一个系统工程，涉及方方面面，学校不管大小，都需要配套的管理制度。而多数农村学校在制度建设方面存在较大缺口，教学管理、学生管理、教师管理、后勤管理等诸多方面都缺乏健全完善的管理制度，学校更没有系统的管理体制，致使学校管理处于半瘫痪状态，严重影响着学校的科学发展。

1. 制度缺失严重

我国教育管理主要是采取集权制，长期以来管得过多、统得较死，使学校自主性的发挥受到了限制。农村学校更是民主意识淡薄，管理者惰性滋生，原有制度因老化而无法执行，新的制度建设又跟不上来，使学校管理处于无章可循的状态。调查显示，34.3%的农村学校近五年来没有出台过新的规章制度，65.2%的农村教师不知道学校有哪些方面的制度。

2. 责、权、利不明

从校长到管理人员，再到教师，责、权、利不明晰，工作带有很大的盲目性。虽然全国基础教育的改革逐年深化，但是农村中小学似乎是“被改革遗忘的角落”，教学改革雷声大、雨点小，虚的多、实的少。尽管实行的是校长负责制，然而校长实际上处于被动管理的地位，上级教育主管部门安排什么就传达什么，学校没有自己的有效管理措施，更没有较为长远的发展规划；中层管理人员基本上是“办事员”，校长怎么安排就怎么做；教师似乎职责最明确，就是上课，然而，课该怎么上才能有利于学生全面发展却是模糊的。

3. 个人随意性较强

多数农村中小学管理程序不规范，缺乏长效机制，随意性较强，领导想到什么就做什么，质量不高、效率低下。而且，大多数情况下只有轰轰烈烈的开设，没有扎扎实实的结果，缺乏相应的监督机制，没有过程的监督和反馈，没有结果的总结，半途而废、不了了之。特别是在学校的发展规划、资料的整理和积累上极不规范，遇到学校督导评估，临时拼凑、弄虚作假。即使常规的管理工作，也存在随机处理，产生因人而异的现象，如评优评模时常常是轮流坐庄或谁闹得凶评谁。

农村中小学的制度缺失状况，很难适应现代教育发展的要求，必须予以改进。

（五）管理观念落后

当前农村中小学管理工作不能取得突破和进展，重要原因是管理观念陈旧落后。任何教育行为都离不开教育观念，解放思想、与时俱进，根据时代要求和教育发展的需要，更新教育观念，以新的理念指导学校教育，是实现农村中小学发展的必要条件。农村中小学的管理观念落后主要表现在：

1．把管理当管治

虽然也讲“管理就是服务”、“管理就是发展”，但实际上很多管理者缺乏“为教师服务、为学生服务、为学校发展服务”的思想，以权力压制、以权威压服的现象普遍存在。学校缺少民主气氛、教师没有民主权利、学生更无民主观念，使得学校管理毫无生气，新的课堂教学改革、新的教学理念失去了贯彻落实的人文环境。

2．把成绩当标准

全国上下都在学习和贯彻落实科学发展观，但是确立以人为本的现代教育管理理念谈何容易。多数农村中小学仍然继续“以考试成绩为本”的传统教学管理办法，学校评价教师看名次，教师评价学生看分数，一切以分数、名次为核心，于是有了“重点班”、“实验班”等有利于片面追求升学率班级管理模式，有了补课、加班等“增负”的做法。

3．以人情代替原则

农村学校管理中的人情因素是农村中小学的一个特色，教师和学校工作人员多数是祖辈居住在本乡镇甚至本村的，学生更是本村或邻村的，人际关系错综复杂地交织在一起。如果能够公平地处理，这应该是管理的一大优势。然而，大部分农村学校管理过分地看重人情，甚至依赖人情管理，“对外跑关系、对内拉关系”，有制度不能执行，以人情代替原则，评价有失公允，严重挫伤了教职工和学生的积极性，给学校教育的发展带来了一系列的问题。

除此而外，还存在重教不重学、查教不查学等落后的观念和做法，从根本上制约着农村教育的改革和发展。

（六）家长、社会不理解

教育是一个系统的工程，影响一个人成长的因素包括家庭、学校、社会等多个方面，家庭和社会对学生的教育培养有着不可替代的作用，甚至在很大程度上制约着学校教育。目前，农村家长的教育观念陈旧，是阻碍农村中小学教育管理改革和发展的重要因素。

1. 对学校教育质量的评价存在较大偏差

多数家长心目中对学校和教师还是非常敬重的，但是，由于学校与家长之间缺乏有效的沟通（只有孩子惹了祸，家长才去学校），再加上家长的文化、认知水平低，对学校的教育教学改革不理解。因此，在家长和社会看来，只要孩子学习成绩好，学校就是好学校，老师就是好老师，涉及孩子的话题，常说起的是“考了第几名”，“有出息”就是考上了好学校。

表 1—2 某农村中心小学家长问卷调查统计表

参加家长会情况		来校走访情况		来校走访原因			
超过2次/年	不足2次/年	超过5次/年	不足5次/年	学校邀请	主动走访	学生惹祸	其他
20.7%	79.3%	11.4%	88.6%	5.9%	4.3%	77%	12.8%

2. 对学校教学行为漠不关心或干预过多

不少农村家长对于孩子的教育培养处于放任状态，忽视了家庭教育，认为把孩子交到学校，一切就由教师去教，近年来“留守儿童”的增多使这一状况加剧。另有一些家长对学校的教学管理横加干涉，只要认为自己的孩子在学校吃了亏，或者某项措施可能会对自己的孩子不利，就来学校大吵大闹，给学校的教学工作带来了巨大的压力。

3. 对孩子的教育方式简单粗暴

“不打不成器”、“棒打出孝子”等传统的错误观念仍然在农村家长中占很大比重，强行决定孩子应该做什么，不应该怎么做。表面看起来家长对孩子极其负责，事实上多数家长平时根本不过问孩子的教育，一旦出现问题，动辄打骂，甚至到学校大打出手，很大程度上使学校对学生的教育管理毁于一旦。

陶行知先生说：“没有家庭的协助教育，学校教育是办不下去的。”从这方面来看，农村学校的管理也应该包括对家长的教育和帮助，从而为学校的教学改革创造良好的社会环境，促进学校教育的和谐发展。

三、农村中小学管理的基本原则

学校管理的原则是学校管理人员有效地开展教育教学管理所必须遵循的基本要求和准则，它贯穿于学校管理的一切活动之中，对学校管理起着统领作用。要实现教育管理的目标，最大限度地发挥师生员工的主动性、积极性，农村中小学管理必须遵循学校管理原则，不断提升管理层次和管理水平，更新教育思想和管理理念，以提高教育教学质量，办好人民满意的教育。

农村中小学的管理应遵循以下原则：

（一）依法治校原则

根据教育部 2003 年 7 月 17 日发布的《教育部关于加强依法治校工作的若干意见》（教政法［2003］3 号文件）精神，依法治校就是学校遵循法制原则和法治精神，在职权范围内，依照国家有关教育事业的法律、法令、规范、规则、条例、章程、规定、决定、要求以及根据上级指示精神，拟定学校内部的规章制度并管理学校，使管理过程规范化、制度化和科学化。其实质是学校管理者在学校管理中体现法治精神。

在学校管理中落实依法治校原则，应注意做到：

1. 增强法制观念

实施依法治校要求学校管理者和全体师生员工充分认识依法治校的本质，增强法制观念，这是落实依法治校的核心。只有树立起依法履行职责、依法行使权利的法治意识，才会使法律、法规和学校的规章制度内化为广大师生员工的行为准则，真正树立起“知法守法光荣，违法违纪可耻”的道德标准和价值观念，保证学校各项工作的政令畅通。

增强师生员工的法治观念要做的工作很多，概括起来主要有：首先应有步骤、有计划、有重点地对国家的有关法律法规加大宣传、加强学习、营造气氛，增强全员法律意识；其次应注重法治与德治并举，大力加强学生的德育工作，加强师德师风建设，培养师生良好的道德素养和行为习惯，在学校中建起社会主义核心价值体系；再次还要“树木立信”，通过典型推广发挥榜样的作用，特别是领导成员要率先垂范，在日常教育教学管理工作中坚持依法行事，引领学校办学走上法治轨道。

2. 健全学校规章

加强学校制度建设是依法治校的重要基础。农村中小学要加强和完善自身管理，除遵照国家法律法规外，还必须建立起与社会发展、时代需求及自身发展特点相适应的、公平合理的规章制度，这样才能对教育教学工作进行有效的管理，才能不断提升农村学校的管理质量和水平。

总的来讲，健全学校的规章制度应注意：充分发扬民主，广泛征求意见，使广大师生员工的意志和利益得到充分体现；严格依照国家的教育法律法规制定学校的规章制度；从本学校的实际情况出发，按照教育教学规律建立制度体系；等等。

3. 贯彻落实到位

依法治校，重在落实。学校管理中做到依法行政、强化监督、确保实效，是依法治校的关键。以校长为核心的学校管理者是学校改革发展的指挥者和引领者，其管理工作涉及学校每一个人的切身利益，因而作为管理者必须从学生发展、教师发展、学校发展的实际出发，自觉把国家的法律法规、学校的规章制度作为教育教学管理的依据，真正使学校的一切工作做到“有法必依”。

落实依法治校主要应做到：把责任制、考核制、问责制等落到实处，责任层层落实到岗到人，做到主体明确、权责清晰、行为规范、奖罚分明；健全和完善职能机构和部门，充分发挥各职能部门的管理职能、民主监督职能，强化监督机制，保证有效实施；大力倡导和培养恪尽职守、严肃执法、清正廉洁、刚正不阿、令行禁止的道德规范，造就具有较强法制观念、能够严格依法办事的管理者队伍。

（二）目标导向原则

为了卓有成效地开展教育教学工作，学校管理必须确立明确的目标。目标导向原则就是要在学校管理工作中，通过集思广益，制定既符合规律又合乎农村中小学实际的、既有一定高度又有可行性的、既适应现代社会发展的要求，又能为广大教师和学生认同的教育教学目标，从而形成强大的凝聚力和吸引力，引导学校的教育教学工作向着正确的方向发展。

贯彻这一原则，应注意以下几个方面：

1. 要把学校发展的宏观目标与具体目标、整体目标与局部目标、长远目标与近期目标有机统一起来，使其在各个时期、各个部门、各类人员中都能起到导向作用。

2. 要从农村中小学的实际，特别是本校的实际情况出发，努力发掘并培养具有自身特点的优良传统和作风，结合时代气息，使之逐步形成别具特色的良好校风、教风、学风、班风——达成校风建设目标，为学校各项目标的实现创造必要的道德风尚环境。

3. 要建立目标责任制，把管理目标、课程目标、培养目标、教研目标、学期目标等等，具体落实到人到岗，健全目标制定、执行、调整、检查、总结的目标管理机制，确实保证学校办学目标的最终实现。

（三）民主科学原则

民主科学，就是推进管理的民主化和科学化，这是提高学校管理水平的思想基础和群众基础，决定着学校决策的正确性。在学校管理中要尊重每一个教职员工和学生的民主权利，使人人有权参与学校管理，增强其主人翁责任感、调动其主人翁积极性，提高管理的科学性，创造出民主和谐、管理科学的育人环境，为学校教育教学管理目标的实现奠定坚实而牢固的基础。

坚持民主科学原则就要做到：

1. 健全民主制度。要根据农村学校的实际情况，进一步完善教职工代表大会制度，建立健全校务公开制度、财务公开制度、决策民主制度等，充分发挥党团组织、工会、学生会、家委会的作用，最大限度地调动广大教职工的工作热情和积极性，参与学校管理，监督学校工作。

2. 规范民主程序。认真贯彻民主集中制原则，按照集体领导、民主集中、个别酝酿、会议决定原则，建立健全议事规则和决策程序，积极组织民主生活，充分发挥有经验的老教师和骨干教师在决策中的作用。

3. 拓宽民主渠道。民主管理的实质在于调动全体师生的积极性。

要畅通各种民主对话的渠道，通过校长接待日、学生咨询日、献言献策日及意见箱等多种形式，广泛听取教职工、学生、家长的意见和建议，培养民主意识、活跃民主气氛，把学校办成学术思想自由、管理科学严谨的和谐校园。

（四）制度规范原则

根据依法治校的原则，农村中小学管理必须有严格规范的制度，制度是有效实行教育教学管理的有力保障。制度规范原则就是要把学校各项工作的管理职责、管理措施、管理程序制度化、章程化，要求从校长到教师，再到学生，人人都要遵守学校规章，从而实现办学行为的规范化。作为制度建设欠缺的农村学校来讲，加强制度规范尤为重要。

农村中小学管理要体现制度规范原则，应注意以下几点：

1. 完善制度体系。学校管理中所需要的规章制度是在学校管理的实践中逐步形成、发展和完善起来的。农村中小学的制度建设不能急于求成，要循序渐进，区分轻重缓急，有计划、有步骤地推进；要依照国家的法律法规和有关政策，不得超越其范围；要研究教育教学规律，使学校制度符合客观规律的要求；要做大量的调查研究，广泛征求意见和建议，努力使学校规章既合乎本校实际又能反映广大师生和家长的利益。

2. 培养遵规习惯。通过制度规范教育教学行为，要靠全体师生员工落实学校的规章制度。这就需要通过学习、讨论等形式，使师生员工明确学校的制度章程；通过领导率先垂范、深入落实，使师生员工逐步树立遵规守纪的意识；通过精细化的管理，把各项制度贯彻到日常管理的方方面面，培养每个学生、教师、职工校规校纪的良好行为习惯。

3. 健全监督机制。制度的执行需要有力的监督作保障。首先要建立健全各种民主监督制度（如前所述的教职工代表大会等）；通过定期召开例会、述职、通报、公示等方式积极推进校务公开；加强对管理人员失职、渎职及其他违纪行为的惩戒措施和执行力度；领导干部要积极疏通监督渠道，主动接受教师、学生、家长的监督。

（五）以人为本原则

“以人为本”是科学发展观的核心。学校是教育人、培养人才、发展人的个性的地方，学校管理更要贯彻以人为本的原则，这是现代社会教育发展的客观要求和必然选择。学校管理中的以人为本，就是要在法治和制度的刚性化、原则化管理中贯穿人本核心，把教师和学生作为一切工作的出发点和归宿的，最大限度地调动人的主动性、积极性和创造性，达到学校管理的最优化，造就优秀的教师队伍，培养个性饱满的人才，实现学校教育的优质发展。

贯彻以人为本的原则应注意：

1. 管理中体现人性化。管理的本质是人的管理，制度并非“治人”，原则并非绝情，只有以人为本的制度和原则才是公正、公平的，才能充分发挥出每一个成员的智慧和力量，才能达到教育的目的。当然，人性化管理也不能背离制度规范，要把二者有机结合起来，“无情制度、有情操作”，有情并非徇情，灵活并非随意。

2. 建立和谐人际关系。人际关系密切、彼此联系复杂是农村学校的一大特点。能够善于利用这一特点，建立起和谐的人际关系，将会开发出独特的资源优势，促进农村中小学教育的发展。建立和谐的人际关系要在工作中给教师和学生充分的人文关怀；要以激励为主要方式调动主体的创造热情；要加强沟通，恰当利用而又不依赖人情。

3. 培育发挥团队精神。公平的制度加上人性化的管理，就会在学校中形成强大的凝聚力。这就要求在学校管理工作中既要顾及每个个体，更要从整体出发；既要考虑每项工作的具体情况，更要着眼学校发展的全局，乃至国家教育事业发展的大局，从而在学校中形成合力，培育团队精神，带领每个成员向共同的目标迈进。

（六）因地制宜原则

我国农村地区地域广大，发展不平衡。农村中小学的发展程度、水平不一，悬殊较大，各地有各地的实际情况，各校有各校的特殊性。农村中小学管理必须在坚持国家教育方针、政策、法律、法规和遵循教育教学规律的前提下，从本校实际出发，根据学生、师资、教学设施设备以及所处社会环境的特点实施教育教学管理，以求管理工作的针对性和实效性，最大限度地达成学校教育目标。

1. 因地制宜开发课程资源。课程管理是学校管理的重要内容，要充分相信广大教职员工的聪明才智，依靠群众，发挥主观能动性，利用当地条件开发好新的课程资源，以缓解教学设施设备的不足，因陋就简搞好农村中小学教育。

2. 因地制宜发展校办产业。积极利用当地资源，在服务教学的前提下，大力发展校办产业，既可以为学校发展注入资金，又可以为学生提供社会实践的基地，还可以改善教职工的福利待遇。

3. 因地制宜建设校园文化。开发当地的传统文化和一切可利用的教育资源，结合时代特点，在学生中开展传统文化和道德教育，在教师中进行师德师风建设，努力创建有自身特色的校园文化。

附 1：农村中小学管理案例

案例背景：

某农村初级中学，长期以来在领导心目中一直是办学质量差、升学率低的渣子学校；在学校周围群众当中也影响极坏；在校学生更是抱怨不断，要么转学，要么退学，能坚持到初中毕业的只有一半学生，而能考上高中的就少之又少了；教师迟到、早退甚至旷课现象屡见不鲜，更不用说什么教师的职业道德、爱心、责任心了；

学生打架、斗殴及其他不良行为随处可见……

2001年，县教育局把另一所办学比较不错的初中教学副校长调到该校担任校长。新校长上任后决心要改变学校现状，强化师资队伍，提高办学水平。针对该校制度严重匮乏的状况，新校长把制度建设确定为学校的首要任务。他首先狠抓学生纪律，重申了《中学生守则》和《中学生日常行为规范》（班班悬挂张贴），制定了《学生一日常规》、《校园十不准》、《学生宿舍管理制度》、《校园环境卫生管理办法》、《学生违纪处理规定》等多项规章制度，并通过加强班主任日常工作、召开学生纪律教育大会、严肃处理严重违纪学生等途径落实各项规章。

与此同时，新校长着手整肃教师劳动纪律，上任后第一笔投资就是购买了指纹签到机，制定《教师岗位责任制》、《××校教师十不准》、《教师职业道德规范》、《教学常规考核办法》等措施，进行了学生评教、家长评教等活动，建立了课堂周记录制度。一时间，学校秩序井然。

经过一年的时间，学校的各项规章制度逐步建立起来，制度体系初步形成。但是，学校的各种矛盾也突出起来。学生开始不服管教（“你能把我怎么样?”），违纪现象重新抬头；教师阳奉阴违，签到后喝茶聊天，下班后麻将扑克；中层管理人员钩心斗角，彼此不团结，校长处于孤立地位……

案例分析：

新校长的努力可以说遭到了暂时的挫折，究其原因，主要有：

1. 急于求成，思想工作不充分；

2. 用人不力，不能调动骨干教师和管理人员；

3. 时机条件创设不到位，未能形成环境氛围；等等。

解决建议：

1. 要以谈心、走访、讨论、会议等多种形式，广泛调查研究，听取各方面意见，在充分论证的基础上逐步制定并推开执行制度；

2. 要主动与中层管理人员和骨干教师沟通，明确分工，落实责、权、利，充分调动其工作积极性和主动性，形成合力，打造以校长为核心的团结奋进的团队；

3. 要做民主型校长，尊重教师的权利、学生的权利、家长的权利，加强管理的同时，积极主动地利用一切力量营造民主氛围，使整个校园充满了民主和谐、积极向上的气氛，以创设制度推行的环境条件。

第二章　农村中小学制度建设

学校的制度建设，是搞好学校管理，有效而优化地配置学校的人力、物力、财力等教学资源，实现学校教育教学目标的基本前提。教育家陶行知曾经提出，要建立科学的管理制度，就必须重视学校规章制度的订立。他认为学校规章制度是“学校所以立之大本”，是师生的“共同约言”。

一、制度建设的基本要求

学校制度建设是落实科学发展观，科学认识和处理现阶段教育改革和发展面临的现实问题，推进教育现代化建设的迫切需要。农村中小学在制度建设方面缺口较大，缺乏健全完善的制度体系和管理体制，已经严重影响了学校的科学发展。加强学校制度建设，已成为农村中小学管理的当务之急。

农村中小学的制度建设须符合以下几点要求，才能实现学校管理的制度化、规范化。

（一）制度建设要与国家政令相一致

学校的规章制度必须与国家政令保持高度一致，体现法治精神，以保证国家的法令政令畅通，保证国家宏观教育目标的实现。

1. 学校的规章制度必须符合国家的教育法律、法规、政策、条例，并保证在学校的各项工作中得到贯彻落实，以确保学校的办学方向、教育教学行为沿着正确的方向发展。

2. 学校的规章制度必须符合党的教育路线、方针、政策。国家的法律法规是党的路线、方针、政策的法律化、制度化，是广大人民群众根本利益和意志的体现，任何与之相背离的制度都是错误的，自然也就失去了效力。

（二）制度建设要体现新的教育理念

学校的制度建设要符合现代教育教学发展的规律，体现新的教育教学理念，有利于建立师生主动发展的空间，并向师生可能发展的空间开放，以实现学生、教师、学校的可持续发展。

1. 学校的制度建设必须符合教育规律、教学规律和管理规律，如教师劳动的特点、学生身心发展的特点及学校其他工作的特点，特别是要体现教育活动的主体和客体都是人这一最显著的特点，坚持以人为本，促进人的发展。

2. 学校的制度建设必须体现新的教育教学理念。新的理念是教育教学规律与时代特点相结合的产物，学校的制度和规章要体现新的教育教学理念，就是要符合客观规律、符合现代社会发展的要求。以人为本的科学发展观是新的教育教学理念的核心。

3. 学校的制度建设必须具有教育性的特点，也就是必须具备教育的功能，这是学校类制度和规章的显著特点。要求学校制定规章制度应贯穿优秀传统文化教育、理想信念教育、道德教育，在学校中形成社会主义核心价值体系。

（三）制度建设要以广泛民主为基础

学校的制度建设必须建立在广泛民主的基础之上，体现广大师生员工的根本利益。这是由学校的社会主义性质和师生员工的主人翁地位所决定的。

1. 学校的制度建设必须坚持群众路线。要相信群众、依靠群众，通过充分的酝酿和讨论，集思广益、群策群力，使广大师生员工的意志和利益得到充分体现，使学校的制度具备科学性和可行性，能够得到学生、教师、家长的拥护和支持，成为其自觉自愿地遵守的规则。

2. 学校的制度建设必须体现平等性。平等是民主的基本要求和重要内容，没有平等，就没有民主。要坚持“制度面前人人平等”，以激发广大师生员工遵守学校规章制度的自觉性，确保将制度落实到教育教学管理的每个环节，实现学校教育的目标。

（四）制度建设要有计划有步骤地推进

农村中小学在进行制度建设时，不能急于求成，要以谈心、走访、讨论、会议等多种形式，广泛调查研究，听取各方面意见，并通过大量的宣传教育工作，积极创设制度推行的时机和条件，在充分论证的基础上逐步制定并建立起制度体系。

1. 学校的制度建设要区分轻重缓急，要从本校实际出发，根据学校管理的需要，有步骤、有计划地稳妥推进。

2. 学校的制度建设要结合习惯养成。所谓“习惯成自然”，习惯养成教育是学校教育的重要组成部分，它既包括学生行为习惯的养成，也包括教师和管理人员行为习惯的养成。在学校制度建设中，要把养成教育形成制度，并在教育教学实践中努力培养师生遵规守纪的良好行为习惯，使学校的各项制度成为师生员工的自觉行动。

3. 学校的制度建设要做到精细化。所谓“细节决定成败”，学校的精细化管理是学校实现卓越、打造品牌、促进可持续发展的有效途径和必然选择。制度建设要以精细化为目标，使学校管理由粗变细，由细变精，形成人人会管理、处处有管理、事事能管理的良好局面，提升学校的整体执行力。

（五）制度建设要实现长效性与灵活性的统一

学校制度应具有相对稳定性，不能朝令夕改，避免因校长变更等因素而使学校的规章制度或举或废，否则制度就会失去其严肃性和权威性，变成一纸空文。同时，学校制度还应该具有灵活可变性，要随着客观实际的变化而作相应的变更，并与长效性有机统一起来，以保证制度的适应性。

1. 学校的制度建设要具有长效性。学校在制定规章制度时，要以学校总章程的形式确立制度修改和变更的严格程序，保证在一定时期内能够发挥其规范正常的教学工作秩序、培养师生良好习惯、形成优秀校园文化的作用。

2. 学校的制度建设要具有灵活性。客观事物是不断变化发展的，学校的规章制度要随着时代的变迁、国家政策法规的调整以及本校实际情况的改变，进行相应的变革，以适应变化发展的新形势，保证制度能够继续发挥其功效。

3. 学校的各项制度要保持一致。为了保证制度的长效稳定，各项制度之间以及与国家的法律法规政策要保持一致，不能相互矛盾、彼此冲突，以避免因对制度的频繁修改而导致管理混乱。同时，定立制度要做到目标明确、任务清晰、措施具体、责任落实、便于考核，以利于制度的贯彻落实。

二、制度建设的基本框架

依据学校教育活动和管理的基本规律，中小学校的制度建设管理制度必须包括一些必要的基本管理制度，这些制度构成学校管理制度体系的基本框架，在学校管理中发挥着最基础性的作用。

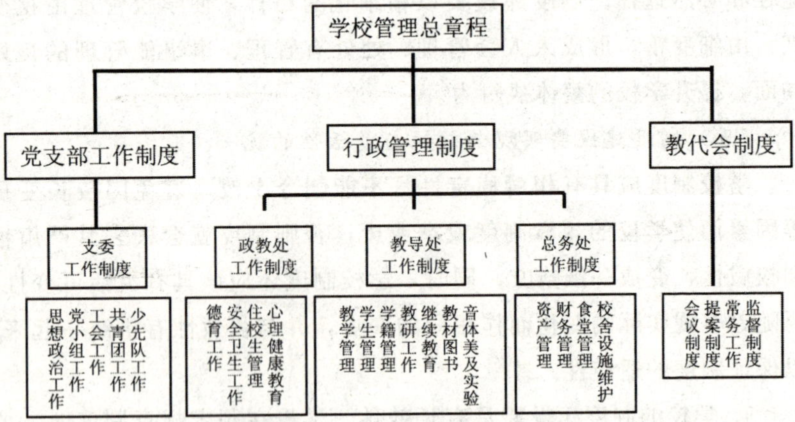

图 2—1 学校管理制度示意图

（一）学校管理的总章程

学校首先要依据党的路线、方针、政策和国家教育法律、法规，制定《学校管理章程》，明确学校的办学方向、办学宗旨、办学理念、培养目标、发展途径等。学校管理章程在学校制度体系中处于统领地位，是其他学校管理制度制定和实施的根本依据。

（二）学校管理的三大制度

以校长为中心的行政管理制度、党支部工作制度、教职工代表大会制度是学校制度体系的三大组成部分，三者分别体现了学校教育教学工作的集中统一领导、党对学校的领导、学校的民主管理，是一个有机统一的整体。

1. 学校行政管理制度

在学校管理中，行政部分所占比重最大，对学校教育教学活动的影响也最大，与广大师生员工的切身利益关系最为密切，可以说，学校的行政管理直接关系着学校的教育质量和可持续发展。

——校长负责制是目前中小学管理体制的中心。《中华人民共和国教育法》第二十六条规定："学校实行校长负责制。"校长负责制是学校在上级教育行政部门领导下，以校长全面负责为中心，同党支部保证监督，教工民主管理有机配合，为实现学校工作目标，充分发挥行政管理功能的结构体系。

为了使校长真正行使好对学校工作的决策权、指挥权，担负起对学校教学科研等工作的职责，学校应制定《校长目标责任制（或问责制）》、《校长任期目标考核制度》、《校务会议制度》、《校务公开制度》、《校长接待日制度》等。

——教导处工作制度是学校行政管理制度的重要组成部分。教导处是学校管理教育、教学工作的职能部门。在校长的直接领导下，协助完成学校教学、教务、科研和德育（可根据学校实际情况由政教处负责）工作。

学校要制定《教导处工作职责》、《教学常规管理办法》、《教研组工作制度》、《教学目标管理办法》、《教师业务考核制度》、《教师绩效考核制度》（根据有关绩效工资审定办法制定）、《教师培训和继续教育管理办法》、《学生学籍管理办法》、《班级管理办法》、《实验室、电教室管理规章》、《学校体育艺术工作制度》、《图书馆管理制度》等。

——政教处工作制度是学校行政管理制度的另一个重要组成部分。政教处是学校德育工作职能部门，在校党支部、分管校长领导下负责学生的思想政治教育及行为规范管理工作。

学校要制定《政教处工作职责》、《德育工作制度》、《安全教育工作制度》、《心理健康教育制度》、《卫生工作制度》、《学生管理制度》、《住校生管理制度》、《班级工作管理制度》、《门卫制度》等。

——总务处工作制度属于后勤保障机制。总务处是学校后勤管理的行政职能部门，在校长和分管校长的领导下，负责学校财务管理（可根据学校实际情况专设财务室）、后勤管理及总务处内部各项工作的协调和管理等后勤保障工作。

学校要制定《总务处工作职责》、《后勤工作管理制度》、《财会人员岗位职责》、《学校资产管理和维护制度》、《食堂管理制度》、《校园基本建设管理办法》等。

2. 学校党支部工作制度

学校党支部（或党总支）是中国共产党在学校的基层组织，在学校中处于政治核心地位，负责学校的思想政治工作，保证党的路线、方针、政策在学校得到贯彻落实，对学校的教职工代表大会及工会、共青团、少先队等群众组织实行政治、思想、组织领导，并指导学校的德育工作、师德师风建设等。

学校党支部工作制度主要应包括：《党支部工作职责》、《支部委员会工作制度》、《组织生活制度》、《党小组工作制度》、《工会工作制度》、《团支部工作制度》、《少先队工作制度》等。

3. 学校教职工代表大会制度

《中华人民共和国宪法》第二条规定："人民依照法律规定，通过各种途径和形式，管理国家事务、管理经济和文化事业、管理社会事务。"我国《教育法》第三十条规定："学校及其他教育机构应当按照国家有关规定，通过以教师为主体的教职工代表大会等组织形式，保障教职工参与民主管理和监督。"《教师法》对教代会民主管理也作了明确规定。

学校的教职工代表大会是学校实行民主管理的基本形式，是教职工以主人翁身份行使民主管理权利、参与学校管理的基本机构，是学校管理体制的重要组成部分，在学校教育教学管理和构建和谐校园的过程中发挥着基础和纽带的作用。在实行校长负责制的同时，必须建立健全教职工代表大会制度和其他民主管理制度，保障教职工的主人翁地位，发挥其在审议学校重大决策、监督行政领导、维护教职工合法权益等方面的作用。

相关制度主要应包括：《教职工代表大会制度》、《职代会提案制度》、《职代会议事制度》、《民主评议制度》等。

（三）学校管理的其他主要制度

学校管理制度体系中必须具备的制度还有：《教师考勤制度》、《办公网络管理制度》、《校园文化建设管理办法》，以及其他各类管理人员岗位职责，等等。农村中小学还应根据本校教育教学管理的实际需要，制定相应的管理制度。

附 2：有关基础教育的主要法律法规

- 中华人民共和国教育法
- 中华人民共和国义务教育法

- 中华人民共和国教师法
- 教师资格条例
- 教学成果奖励条例
- 中华人民共和国国家通用语言文字法
- 学生伤害事故处理办法
- 中华人民共和国民办教育促进法
- 中华人民共和国民办教育促进法实施条例
- 中小学生守则
- 小学生日常行为规范（修订）
- 中学生日常行为规范（修订）
- 学校体育工作条例
- 学校卫生工作条例
- 中华人民共和国义务教育法实施细则
- 中华人民共和国未成年人保护法
- 中华人民共和国预防未成年人犯罪法

第三章　农村中小学内部管理体制

义务教育是依照法律规定，适龄儿童少年都必须接受的，国家、社会、家庭必须予以保证的国民教育，农村中小学是义务教育对象的重中之重。为了加快发展农村义务教育事业，有必要规范农村中小学内部管理体制，进一步深化完善农村中小学内部管理体制改革，不断提高农村义务教育质量，为国家培养出更多的优秀人才。

一、农村中小学校长负责制

现行的中小学校长负责制是在 20 世纪 80 年代中期开始试点，并在 90 年代逐步推广，最后在《中华人民共和国教育法》中加以明确规定的。它是基于数十年来学校领导体制变革的经验教训基础之上的一种必然选择。实践表明，它也是比较适合我国国情的，同时又是需要不断完善的一种学校领导体制。可以说，它是基于现实国情作出的一种政策选择。

（一）校长负责制的主要内容

1. 校长负责制的内涵

校长负责制并不等于学校一些事务都是校长一个人说了算，也不等同于“校长负责”。“校长负责”主要指：校长是学校行政系统的最高领导者和学校对外的全面代表；具有从决策到指挥的全部行政权力；负有与上述权力相应的责任。它只是“校长负责制”的主要内容，是校内领导关系结构中的核心部分。而“校长负责制”是学校在上级宏观领导下，以校长全面负责为核心，同党支部保证监督、教职工民主管理有机结合，为实现学校工作目标，充分发挥行政管理功能的学校领导关系的结构体系。也就是说，校长负责制是由校长对学校教育教学和行政管理工作全面负责、学校党组织保证监督和教职工民主管理的完整结合的领导体制。它是一个整体结构的概念。实行校长负责制，规定行政、党组织和教职工代表大会各自的职责范围，理顺三者的关系，做到互相支持，互相制约，密切配合，协调一致，对完成学校的各项任务，实现整体目标具有重要的意义。

2. 校长负责制中校长的权力

实行校长负责制，就是明确校长是学校的法人代表，对外代表学校，对政府主管部门承担学校管理的责任，对学校的教育教学和行政工作全面负责，统一领导。“权责对等”是管理上的重要原则，让其负责，必授其权。

实行校长负责制，校长应拥有以下五种权力：①决策指挥权。在国家有关法律、法规、政策所允许的范围内，校长有权对本校的教育教学和行政工作进行决策和统一指挥。②干部任免权。在认真听取教职工意见的基础上，经与学校党组织共同考查、讨论后，按照干部管理权限和职责，可提名或任免副校长和中层干部，经党组织讨论研究，报上级主管部门审批或备案。③改革权。校长有权根据政府和教育行政部门的规定，结合本校实际，实行教职工聘任制、校内结构工资制等学校内部劳动、人事、分配制度的改革和教育教学改革。但改革方案和措施需经过学校党组织的讨论，并经教职工代表大会审议通过，报政府主管部门批准，才能由校长组织实施。④奖惩权。校长有权按照有关规定和程序对教职工进行奖惩。对教职工的重大奖励或行政处分需听取学校党组织和工会的意见，按有关规定，报上级教育部门批准。⑤经费和教学设备使用权。校长有权按国家有关政策和规定合理支配和使用学校经费、校舍和仪器设备。此外，校长还拥有国家和政府主管部门授予的其他权力。

3. 校长负责制中学校党组织的政治核心地位

学校党组织是党在学校的基层组织，是团结、带领教职工完成党在学校各项任务的政治核心。在实行校长负责制的同时，要确立党组织在学校政治的核心地位，充分发挥保证监督作用。

学校党组织的基本任务有以下几个方面：①参与学校重大问题决策，保证党的基本路线和教育方针的贯彻执行。②加强学校党组织的建设，发挥党支部战斗堡垒和党员先锋模范作用。③加强党组织对学校思想政治工作的统一领导。④按照干部管理权限选拔、培养、考查、监督干部。⑤加强对教职工代表会、共青团、少先队、学生会等群众组织的领导。⑥做好统战工作等。

4. 校长负责制中的民主管理

实行民主管理是领导体制改革的又一重要内容。校长负责制实质上也是一种民主集中制，它必须建立在民主的基础上，否则，它容易成为空中楼阁或滑向“专制”的一面。因此，在实行校长负责制的同时，必须建立和健全学校管理的民主制度。其中最重要的是真正发挥教职工代表大会的作用，加强民主管理。

（二）农村中小学实行校长负责制的策略

校长负责制是一个整体性、结构性的管理体系，它的实施需要三大支撑点：一是团结协调的领导班子，二是和谐宽松的民主氛围，三是严格规范的制度保证。具体实践中应抓住以下四点：

1. 抓关键——加强干部队伍的思想作风建设

实行校长负责制，领导干部的个体素质至关重要。要把提高干部队伍素质作为领导班子建设的首要和长期任务，其中政治理论学习是思想建设的核心。要注重提高领导干部的个体素质和增强班子的整体合力，特别要把提高党政一把手的个体素质作为工作重点来抓。在实际工作中，书记要成为贯彻民主集中制的模范，起到保证监督和率先垂范作用。校长要增强民主意识，包括民主决策、民主管理、民主理财等。教代会代表要增强主人翁意识，要积极参与学校的民主管理和民主监督。

2. 抓基础——建立有效的监督保障体系

中小学领导班子的监督管理应包括外部监督、内部监督和自我监督三个方面。外部监督主要指教育主管部门和社会舆论对学校的监督，特别是主管部门应建立健全有效的管理监督机制，要定期对学校领导干部进行全面考核，深入基层进行调研、督导和评估，及时发现问题，及时提出整改建议，并注意总结和推广领导班子建设中好的经验。在监督管理上还应建立健全相关的法规和制度，如领导干部岗位责任制、考核评估制、领导干部个人重大事项报告制度、干部廉洁自律若干规定、上级领导巡视制度、调研制度、与基层干部谈心制度以及民主评议制度等。领导班子的内部监督，应根据党管干部的原则，由书记牵头严格监督，规范管理，有序操作，拟通过必要的教育和反思，不断提高领导干部的政治思想、业务能力等方面的素质。同时要建立健全内部监督机制，可进一步充实和完善已有的校务公开、民主决策、民主管理、民主评议、廉洁自律等监督制度。在建立监督保障体系中应注重领导干部个人的自我监督，要求他们自重、自省、自警、自励，认真履行民主生活会制度以及年终述职报告制度等，不做“父母官”，当好“服务员”。

3. 抓难点——完善权、责、利相统一的校长职级制

目前校长职级制的具体贯彻和操作尚未形成权、责、利三者的协调统一。为此主管部门要做到以下几点：①简政放权。简政放权就是让校长有较大的办学自主权，真正享有决策权、指挥权、用人权、财经权。要为校长创设一个宽松的工作环境，不要直接插手学校的具体事务而干预学校的正常运作。②依法建制。在依法放权的条件下，要按照文件的规定，建立健全领导岗位责任制，要充分体现责任制线条清晰、职责分明、可操作性强的特点。③待遇到位。

应充分体现权、责、利的一致性，根据校长的职级高低和考核结果，划定相应的岗位职级工资和奖惩标准，提高广大校长待遇。上级有关领导部门应加强宏观调控，及时总结经验，对校长职级制的评定和运作尽快纳入正常化、制度化的轨道，充分调动广大校长办学的积极性和创造性。

4. 抓落实——制定切实可行的“贯彻实施细则”

抓落实的关键是要制定切实可行的具体贯彻实施细则和建立实施的保障机制。首先，“实施细则”应反映校长负责制的本质和内涵，只有充分认识理解其内涵，才能准确把握校长负责制的本质特征。其次，“实施细则”应体现实施主体各自的职责和任务。应明确校长、党组织和教代会各自的地位和作用，使之在贯彻落实中相互支持、相互配合、相互协调、相互统一。再次，“实施细则”还应明确学校重大问题和重要事项的决策程序和具体操作方法。最后，还应建立实施的监督保证机制。“实施细则”制定得再好，如果得不到实施，或实施不到位，也失去了应有的价值。

二、农村中小学教职工代表大会制度

（一）教职工代表大会制度的含义

教职工代表大会（简称教代会）制度是学校教职工行使民主权利、参与学校民主管理与民主监督的基本制度和组织形式。

教代会（规模较小的学校常常是全体教职工会议）依照法律赋予的权利并严格遵守有关法律法规行使职权，其地位正随着我国中小学教育改革的不断深化而日益提高。新中国成立以来，相当长的一段时间内法律对学校的民主管理规定是间接性的、原则性的，缺少操作性和强制性。1985 年《中共中央关于教育体制改革的决定》中明确指出：“要建立和健全以教师为主体的教职工代表大会制度，加强民主管理和民主监督。”1993 年《中华人民共和国教师法》对教师参与民主管理的权利又进一步作出规定："对学校教育教学、管理工作和教育行政部门的工作提出意见和建议，通过教职工代表大会或其他形式，参与学校的民主管理。"这些法律、规章的颁布，逐步为我国中小学坚持和完善教代会制度提供了法律依据。教代会的工作程序也不断得到规范。

我国教职工代表大会制度的基本特征表现如下：①教代会是法律赋予教职工参与学校民主管理与监督的权利；②教代会组织原则是民主集中制，少数服从多数；③教代会严格遵守有关法律法规，依法行使法律赋予的权利，它的决议、决定对全体教职工具有约束力和权威性；④教代会实行常任制，并有日常工作机构——教育工会，能够保证它在闭会期间落实决议、决定，组织教职工进行经常性的民主管理与民主监督。

（二）教职工代表大会制度的法律地位

《中华人民共和国宪法》第二条规定："人民依照法律规定，通过各种形式，管理国家事务，管理经济和文化事务，管理社会事务。"

《中华人民共和国教育法》第三十条规定："学校及其他教育机构应当按照国家有关规定，通过以教师为主体的教职工代表大会等组织形式，保障教职工参与民主管理和监督。"

《中华人民共和国教师法》第七条第四款规定："对学校的教学、管理工作和教育行政部门的工作，提出意见和建议，通过教职工代表大会或者其他形式，参与学校的民主管理。"

《中华人民共和国劳动法》第八条规定："劳动者依照法律规定，通过职工工会、职工代表大会或者其他形式，参与民主管理或者就保护劳动者权益与用人单位进行平等协商。"

以上法律法规明确规定了我国教职工代表大会制度的法律地位。

（三）教职工代表大会制度的基本任务和具体工作

教代会的基本工作任务是：遵照国家法律法规的规定，坚持党的基本路线，贯彻执行党和国家的方针、政策，正确处理国家、集体和教职工个人的三者利益关系，维护广大教职工的积极性和创造性，保障教职工参与学校的民主管理和监督，保证培养德智体美全面发展的人才和各项任务的完成。

教代会的具体工作是维护教职工合法权益，保障教职工主人翁地位；支持校长行使职权；监督学校行政领导；加强对教职工的教育，增强教职工的主人翁意识和法律意识。具体而言教代会应行使如下职权：①审议建议权。听取和审议校长的学校工作报告，对学校的办学指导思想、发展规划、重大改革方案、财务工作、教职工队伍建设及其他有关学校发展的重大问题，提出意见和建议。②审议通过权。审议通过学校提出的校内教职工聘任、奖惩、分配改革的原则、方案、办法及其他与教职工权益有关的重要规章制度等。如有不同意见，应进一步广泛听取群众意见，经校长（学校行政）与教代会协商统一后，由校长（学校行政）颁布施行。③审议决定权。审议决定学校提出的教职工住房、福利和经费管理使用的原则和办法，以及其他有关教职工生活福利的事项。④评议监督权。民主评议和监督学校领导干部，评议结果提交上级组织（人事）部门作为对干部进行奖惩、任免的依据之一。教代会民主评议学校领导干部，是教代会行使监督权的主要形式。这项工作应在学校党组织领导和统一部署下进行。

（四）发挥中小学教代会作用应处理好的几对关系

当前在深化学校内部管理体制改革的形势下，充分发挥教代会的积极作用是毋庸置疑的。要想充分发挥教代会的作用，关键要正确处理教代会运行中的几种主要关系：

1. 党组织与教代会的关系。学校党组织是按照党章和有关规定，统一领导学校工作，支持校长独立负责地行使职权的组织。教代会作为教职工行使民主权利的基本形式，也必须在党组织领导下行使其职权。因此，教代会与工会是党联系群众的纽带，党组织与教代会是领导与被领导的关系。有关召开教代会的计划、方案、议题、议程和报告等要报请党组织审定，教代会要自觉服从党组织的领导，自始至终在党组织的领导下开展工作。

2. 行政领导与教代会的关系。校长是学校的法定代表人，特别是在推行校长负责制的形势下，校长拥有学校的行政指挥权是无可置疑的。教代会属于民主管理范畴，组织教职工参与学校的民主管理和民主监督，其作用也是不可替代的。就本质而言，行政管理与民主管理的目标是完全一致的，两者是一种相互依赖、相互合作的关系。教代会支持校长行使职权，维护行政指挥系统的权威；校长尊重教代会行使民主管理的权利。因此，教代会在处理与行政的关系时，一定要抓好两个“维护”，即既要维护广大教职工的合法权益，又要维护校长的指挥权威。与此同时，二者又是一种互相监督的关系，双方各司其职，各负其责。教代会对学校重大问题有审议讨论权，对某些特定问题有审议通过权、审议决定权；校长则要定期向教代会报告工作，听取意见，并对教代会在其范围内决定的问题也有要求修改和复议的权利。两者的共同目的，都是要保证党的路线、方针、政策在学校工作中得到贯彻落实，维护广大教职工的根本利益，促进学校的发展。

3. 工会与教代会的关系。工会是一个依据工会章程在党的领导下开展工作的群、团组织，它具有四项社会职能，即维护职能、建设职能、参与职能和教育职能。而教代会既是一种民主管理的制度，又是一个教职工行使民主权利的机构，它的职权是审议讨论、审议通过、审议决定和评议监督。“工会是教代会的工作机构，主持教代会的日常工作”。因此，工会既不能代替教代会，又必须按章担负教代会的工作任务，行使其维护职能和参与职能。

4. 代表与群众的关系。教代会代表不是一种荣誉称号，而是责任和使命的承担者。在我国，对群众负责与对党和国家负责是完全一致的。从某种意义上说，代表的素质很重要，一个合格的代表，要能够收集和反映群众的意见，要对群众关心什么、希望什么做到心中有数。代表不能站在个人立场上看问题，也不能简单地充当群众的传声筒，而要能认真理解党和国家的方针政策，正确行使代表的权利和义务，引导教职工理解与支持学校的全局工作，保证学校工作的正确目标顺利实现。

5. 职工大会与教代会及全体教职工会议的关系。所谓教职工大会，是指由学校全体教职工参加的一种行使民主管理和民主监督权利的一种形式。它与教代会具有相同的性质和地位，也具有与教代会相同的四项职权。建立教代会制或教职工大会制只是针对教职工人数多少而言的。实践说明，对于人数偏少的单位在代表名额设定、主席团的产生的操作上都有许多不便，在这种情况下，以教代会的形式行使民主管理、民主监督的权利就不能体现其真正的效应。因此，对于一些人数偏少的单位，我们可采用与教代会性质相同的教职工大会的形式去行使民主权利。

教职工大会与全体教职工会议是不同的两个概念。从管理形式上看，教职工大会属于民主管理范畴，全体教职工会议属于行政管理范畴；从组织形式上看，教职工大会除了不需要选举代表外，其余都与教代会相同（包括民主选举大会主席团），教职工大会应由大会主席团（工会负责日常工作）主持，而全体教职工会议一般是由行政领导组织和主持；从会议的形式上看，教职工大会必须按教代会的要求，完成选举主席团、征集提案或建议、审议大会议案并表决、听取校长工作报告等程序，这也是与全体教职工会议所不同的。

三、农村中小学行政管理机构的设置

管理工作的正常运转，既要通过管理人员和管理制度，又要通过管理机构，如果管理机构设置不合理或者不健全，必然会影响管理的功能和效率。因此，要提高学校的管理效率，就要了解管理机构设置的原则，研究各个管理机构的功能，以及学校现有机构的作用。

（一）农村中小学行政管理机构设置的原则

现代管理理论认为，管理机构的设置要体现封闭原理。所谓封闭原理，就是管理系统由指挥系统、执行机构、接受单位和反馈机构组成。指挥中心根据新的情况，向执行机构发出新的工作指令；执行机构根据指挥中心的指令向接受单位进行指令的解释和实施；接受单位在正确理解指令意义的基础上进行实际行动，并将执行的结构和指令执行后的表现传达给反馈机构；反馈机构对获得的信息进行加工处理，找出指令完整执行的部分和指令执行的偏差，并将执行结构反馈给指挥中心，完成指令执行的一个循环。指挥中心根据反馈机构反馈的信息进行再次的整理和加工，调整和修正指令，再次向执行机构进行指令分配。

我国现代中小学组织机构设置体系，是经过一个多世纪的发展，把我国、西方和前苏联的经验结合在一起的结果。具体的设置原则如下：

1. 精兵简政，与学校目标、任务相一致

这一原则是指学校组织机构和工作岗位设置，必须以提高效能和工作效率为指导思想，坚持因事设岗，组织建设要围绕着学校的目标和工作任务进行。在学校组织建设中，如超越实际需要设置机构和人员，不仅会造成教育资金的浪费，还会造成内耗，导致各部门、各机构、各人员之间的相互推诿责任；或者各部门之间为了各自的政绩，搞本位主义和形式主义，不讲究工作实效。所以要注意以下两点：①对校内的机构设置和职位的设置一定要进行科学的论证，以追求效能和效率为目标；②打破狭隘的专业分工观念，倡导管理或工作人员的一专多能，坚持各岗位人员的满工作量，以此决定人员的总体编制，最终实现“高效率、高质量”的工作目标。

2.统一领导、分层管理、分工协作

这一原则要求学校只能有一个指挥中心，但必须做到管理层次清晰、岗位职责明确，相互分工协作。一个下属只能接受一个领导的领导并对他的领导负责；管理者不可越级指挥。管理工作的大忌是“政出多门”，多头领导会造成决策与指挥的不一致性和指令的混乱，同时也会造成内部管理的多个中心，引起矛盾，降低组织的功能。所以要注意以下几点：①正确处理好学校内部的党政关系。在中小学落实校长负责制，建立健全民主决策机制和监督保障机制，确立校长行政指挥中心的地位。②分清管理层次，建立岗位责任制，明确各类管理人员和工作人员的职责和工作关系。③要建立好良好的上下左右的合作关系，工作上相互支持相互配合。分工不分家，从某种意义上讲协作比分工更为重要。

3.建立有效的监督机制

建立监督机制就是要保证学校重大决策问题的科学性，防止领导的专断，提高管理的效率。在建立组织机构时要考虑到如何充分发挥教职员工参与学校管理的积极性，如何保证对学校领导和不同层次的管理人员进行有效的监督。

4.因校制宜，不能教条主义

学校的机构设置和管理模式不能一味地照搬照套别人的经验，要充分考虑学校的实际情况，设计出一套适合本校管理需要的组织机构体系，体现自己的特色，追求管理的高质高效。

（二）农村中小学内部的组织机构设置

组织机构体系是指学校管理组织中权力结构的结构模式，即决策中心与下属部门之间的管理关系。目前我国中小学常见的管理组织结构模式主要有以下两种：

1. 直线式组织结构

这一组织结构的特点是：管理人员需求数量较少，机构设置简洁；一位上级领导负有最高的领导责任，命令从上至下层层下达，形成直线式的指挥系统；上级在权限范围内对下属作出工作决策而无须征求他人的意见。这种结构的优点是指挥统一，权限明确，职责明确到位，工作效率较高。缺点是对高层领导本人的素质要求高，在复杂问题决策上犯错误的机会较大，主要领导者还有可能陷入学校的事务性工作而无时间和精力研究学校的发展等重大问题，并缺乏学校管理机构内部的沟通。这种结构适合于小型的学校，尤其是农村小学。

直线式组织结构如图 3－1 所示。

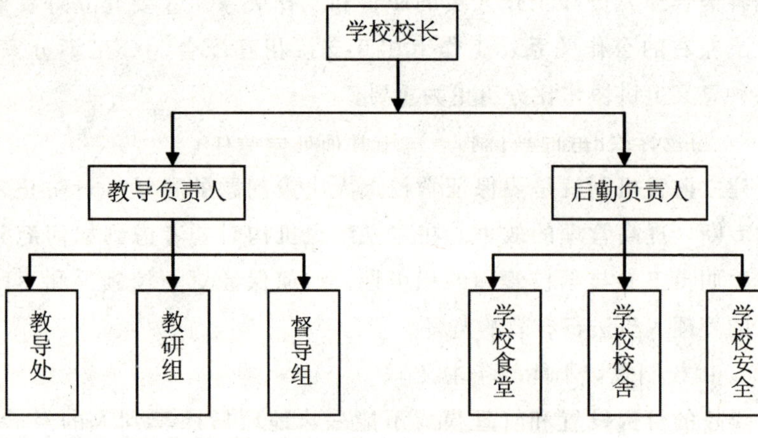

图 3－1　直线式组织结构示意图

2. 参谋式组织结构

学校规模较大，学校业务量大时，直线式的管理不再适合，参谋式的管理机构设置就有了用武之地。学校校长配备几个专门的助手，这几个助手通常是几个职能机构，他们进行学校工作信息的上传下达，校长主要研究学校的重大发展问题。目前大多数中小学都采用这种管理模式。

参谋式组织结构如图 3—2 所示。

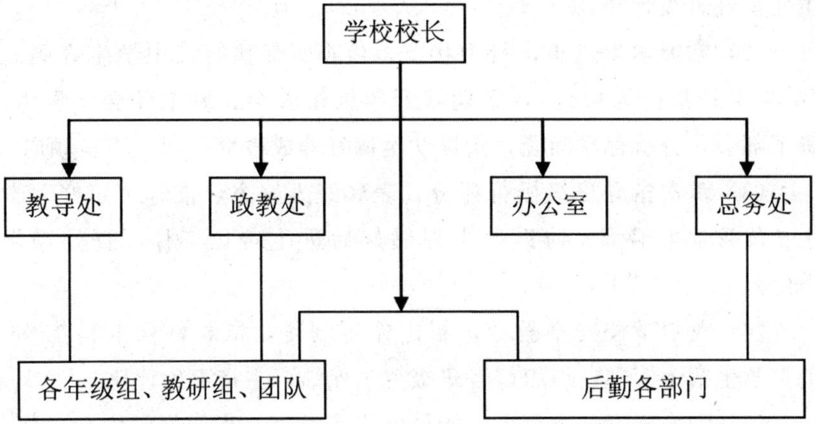

图 3—2　参谋式组织结构示意图

（三）农村中小学组织机构的主要职能

1. 办公室（根据学校规模可由其他处室兼任）

办公室在校长和分管校长的领导下，做好如下工作：协助校长抓好、处理好校内日常事务、工作；协调各部门关系，协助和理顺各部门工作；负责学校行政会议通知与会议记录；负责日常文件及相关制度，表册的收、转、发及打印工作；负责师生意见和建议答复与收集处理工作；负责中小学教师的正常请假与审批工作（3 天以内）；经常和各主管部门取得联系并及时汇报工作，使各部门工作得以正常开展；协助值周领导共同监督、检查师生正常工作和学习，在职责范围内及时配合各负责人处理好一周内重大事务的发生，并在周日例会上做好小结与安排；等等。

2. 政教处

政教处在校长及分管校长的领导下，做好如下工作：

政教主任在主管校长的指导下，具体负责学校政教工作，主持政教处的日常行政事务。副主任协助主任完成分管的工作任务。

（1）负责制订审查年级和班主任工作计划，指导督促年级和班主任搞好班级管理。

（2）掌握学生思想、行为状况，检查督促执行《中学生守则》、《中学生日常行为规范》，定期召开年级组长会、班主任会、学生、班干部会，分析存在问题，指导学生搞好养成教育，纠正不良倾向。

（3）负责指导班级操行评分，表彰好人好事，推荐“三好”学生、优秀学生干部。协助班主任做好后进生转化工作，查处违纪学生。

（4）负责学校安全教育，制定作息制度，指导好保卫科工作。负责学生宿舍管理，组织好各班级卫生保洁，主持卫生评比。

（5）配合好家长委员会，指导好家庭教育，指导好学生会工作；配合社会各有关部门，组织召开有关思想教育、法制教育的报告会；开展健康有益的参观、联谊、公益活动，搞好社区教育。

（6）负责组织学生集会、升旗、通报学生有关问题。

（7）负责建立完善学生学籍档案，完善毕业生手续，负责插班、转学手续。

（8）负责选聘下属工作人员，指导其工作，并进行考核。

（9）负责拟定政教工作计划，检查落实计划完成情况，总结优化政教管理工作。

3. 教务处

教务处主任在校长及分管校长的领导下，做好如下工作：

（1）协助教学副校长制订学校学年、学期教学工作计划，制定教育教学岗位责任制和教师岗位职责考核办法等，加强教学和教师管理，安排和协调教学工作。

（2）做好教学常规的检查、督导工作，定期组织教研组进行常规检查和工作总结。

（3）指导教研组搞好本校教研工作。

（4）负责学生的学籍管理工作。

（5）定期组织教研组开展赛讲、听课、评课等各类教学活动。

（6）组织学校的各类考务工作，做好教学成绩的统计、测评。

（7）协助教学副校长全面负责教师的业务考核和教师的档案管理。

（8）负责学校的体育工作及学生的健康检查工作。

（9）协助副校长组织好校际研讨和教师的培训学习业务进修、校内培养等工作，开展教学科研，促成科研成果。

（10）组织好学科竞赛活动，抓好特长生的训练工作。

4．总务处

学校的总务工作要为教学服务，为教师生活服务，总务主任也是校长在后勤方面的助手和参谋，在分管副校长的领导下，主持总务处的日常管理工作。主要职责如下：

（1）认真贯彻勤俭办学的原则，节约开支，把经费用于教学。逐步改善校舍、设备和其他办学条件。

（2）管理维修学校的校舍、设备、教具、仪器、图书等。教育师生爱护学校公共财物，建立必要的财物使用、保管制度。

（3）关心教师、学生的生活，逐步改善教师的工作和生活条件，协同工会搞好教师的生活福利工作，解除教师的后顾之忧。

（4）深入持久地开展爱国卫生运动，做好学校的卫生保健工作。绿化、美化校园，保持学校环境的整洁，定期进行安全检查，采取必要的措施，预防事故发生。

（5）加强后勤人员的管理和教育，提高思想觉悟和业务能力，树立为教学和师生服务的思想。

5．团委书记

在上级团委、学校党总支和分管校长的领导下，做好青年教职工和全体学生的思想政治工作。主要职责如下：

（1）在校党总支领导下，全面负责学校共青团和学生会工作。制订团的工作计划，并组织实施；指导学生会工作。

（2）开展多种形式的教育活动，贯彻学校党政部门与上级团委的指示，配合学校中心工作，做好团员，青年的工作。

（3）配合政教处完成学校对学生的组织管理工作。经常了解学生的思想状况，向学校汇报团委的工作计划和解决学生思想问题的方案。

（4）领导团委委员、班团支部书记等学生干部的工作，指导学生会和各部部长开展工作。

（5）深入团员、青年之中，和他们打成一片，成为团员、青年的知心朋友，注意培养先进青年加入共青团组织。

（6）办好团刊、业余团校，普及团的基础知识。建立健全支部管理档案，抓好团员证管理工作，配合班主任搞好每一个团支部的建设。

（7）定期收缴团费，做好团员档案管理工作及超龄团员的离团工作，办好团员的组织转移手续。

（8）搞好团的自身建设，建立一个有效率、工作作风好的团委，做到工作有计划、有落实、有检查、有总结。

6. 工会主席

在党支部的领导下做好学校的工会工作和妇女工作。主要职责如下：

（1）认真宣传、贯彻、执行党的方针政策及国家的法律、法规，围绕学校的根本任务，开展教书育人、管理育人、服务育人活动。

（2）根据工会的性质和任务，领导工会工作，全面履行工会各项职能。

（3）认真贯彻执行上级工会布置的各项工作。

（4）经常倾听和集中教职员工的意见和要求，并及时向学校行政部门反映。

（5）按时拟定工会工作计划，搞好工作总结，定期向会员汇报工作，对重大问题及时向党组织和上级工会汇报。

（6）主持召开工会委员会议。

（7）负责组织筹备教代会的相关工作。

第四章 农村中小学教学管理

教学工作是学校的中心工作，是学校全面贯彻教育方针，培养德、智、体全面发展的社会主义事业的建设者和接班人的主要途径。为了全面贯彻教育方针，深化教学改革，实施素质教育，提高学生综合素质，全面提高教育教学质量，农村中小学必须加强教学管理，规范教学行为。

一、教学管理的机构职责

在中小学校中，大家熟知的负责教学管理的机构就是教导处，主要职责就是管理教务，其实，这种认识是不全面的，是基于长期以来农村中小学教学管理松散的状况而产生的。要想搞好教学管理，提高农村中小学的办学质量，就需要健全管理机构，明确管理职责。

（一）教学管理的主要机构

教学行政管理机构主要包括校长、教学副校长、教导处、教研组、备课组（根据需要可设教研室，但一般情况下农村学校不设教研室，其职责由教导处兼任）等组成，广义上班主任及全体任课教师也都是教学管理人员。

（二）教学管理机构的职责

在教学管理中，只有各职能部门各负其责、各司其职，教学工作才能井然有序地高效率进行，为此，学校教学管理部门必须明确自身在教学管理中的职责。

1. 校长、教学副校长的主要职责

校长是学校教学管理的第一责任人，对教学工作负有全面领导、统一指挥、规划协调等责任。校长要认真贯彻执行党和国家的教育方针政策，坚持正确的办学方向，不断提高教育质量，全面完成中小学教育任务；领导教学工作，坚持学校工作以教学为中心，保证教学计划和教学大纲的实施；遵循教学规律，结合学校实际组织教学并积极开展教学改革，建立和完善学校教学体系；重视教师队伍建设，组织教育理论学习、业务培训，加强师德师风建设，提高教师业务水平和职业道德水平；领导学校教育科学研究工作，开展教研教改，提高教学效率，提高教师素质，创造学校文化学术氛围；等等。

分管教学的副校长是教学管理的主要负责人，在校长领导下进行工作，协助校长抓好学校的教学工作。教学副校长在执行职务时要全面贯彻教育方针，落实课程标准，端正办学思想，树立全面质量观；根据办学目标，主持制订并实施学校的学年、学期教学工作和教研工作计划；协助校长制定教育教学岗位职责要求和考核办法，认真贯彻落实，抓好常规检查，搞好阶段总结；负责学校的校本教研和教育研究工作，形成教学科研机制，大力推进教学改革，有效开展研训活动；负责领导教导处、教研组等科室的日常工作，审定教导处、教研组的工作计划和总结，协调组织好教务、教研工作；加强教师队伍建设，制定教师发展规划，提高教师思想素质和业务能力，搞好教师业务培训和继续教育，协助校长做好教师的选拔、聘任、教育、培养、调配、使用工作；负责学生的学籍管理，负责学校的教材建设与征订，领导学校图书馆、文印室、实验室和电教室的使用和管理工作；等等。

2. 教导处主任、教研组长的主要职责

教导处主任在校长和分管副校长的直接领导下，负责学校的教学、教改、教务等方面的组织管理工作。主要工作包括：组织和管理教学，协助校长制订并组织实施学校的教学工作计划；领导教导处工作，安排课程表，组织招生、入学和编班工作，进行学籍管理，组织教材征订，安排好期中、期末等各级各类的考试、阅卷工作，整理相关教学资料，存档备查；审查各科组工作计划与教师的教学计划，并对执行情况进行定期检查和指导；进行常规检查，定期总结并汇报教学工作情况；指导、检查教研组工作；等等。

教育组长在分管副校长和教导处主任的领导下，负责学校的教学研究、校本研训等工作。教育组长要根据学校的要求，组织本组教师学习有关教育、教学文件和教学大纲，积极开展教学理论和教学方法的创新研究；制订教研组工作计划，协助教务处督促检查教学常规落实情况；积极组织教学研究活动，抓好本组示范课、公开课、实验课、研讨课，总结推广先进经验；指导各备课组制订教学计划，开展集体备课活动；主动帮助任课教师（特别是青年教师）解决教学中的问题；等等。

3．班主任和任课教师的主要职责

班主任和任课教师是教学计划和目标的直接执行者。任课教师要按照课程标准要求和学校安排的教学计划，按时完成教学任务，努力提高教学质量；主动与班主任配合，加强对学生的教育，认真辅导学生，提高学生的学习积极性，培养学生良好的学习习惯；遵循教学规律，贯彻新的教学理念，面向全体学生，改革课堂教学，提高教学效率；定期检查和分析教学质量，积极参加教研活动；加强业务学习，提高自身素质，进行教改实验，撰写经验总结或论文；班主任要关心学生的身心健康，引导和教育学生明确学习目的、端正学习态度、改进学习方法，并要协调任课教师之间的关系，共同搞好本班的教学工作；等等。

二、教学管理的目标规划

目标管理是现代管理的一种新理念和新模式，作为一种有效提高管理效率的管理手段已被学校管理逐渐接受。

农村中小学实行教学目标管理，就是围绕着教学管理的目标——提高教学质量——所进行的管理，是以重视成果为出发点，以层层制定和组织实施目标为手段，动员所有组织成员共同实现目标的管理方式。实施教学目标管理，将有助于明确管理责任、增进工作效率、调动教师积极性、提高教学质量、实现师生的全面发展，有效达成学校的总体办学目标。

(一) 教学管理目标的形成

实行教学目标管理首先要制定规划好目标，只有目标科学合理、符合客观实际，才具有可行性，才能有效地指导本校的教育教学实践，使教学活动达到预期的效果。

1. 教学管理目标的制定要符合科学发展观。以科学发展观为指导，体现了教育教学的规律，是新的教学理念的核心。制定教学管理目标要坚持以人为本，德育为先；树立正确的教育观、教学观、学生观、人才观、质量观，全面贯彻党的教育方针；实施素质教育，面向全体学生；重视培养学生的创新精神和实践能力，提高学生综合素质，为学生全面发展和终身发展奠定基础，努力培养德智体美全面发展的建设者和接班人，办好人民满意的教育。

2. 教学管理目标的制定既要重视结果，也要重视过程。目标的制定和实现方式的选择要从本校教师、学生和教学环境条件的实际出发，注重教学质量的全面提高，素质教育的全面推进；注重学生和教师发展的实际需求，既不能过高也不能过低；注重目标要求和过程管理的统一，既要抓即时教学效果，又要抓过程的监控和管理，更要看重学生的终身发展和教师、学校的长远发展。

3. 教学管理目标的制定要做到责任明确。教学管理目标绝不只是少数管理者的事，而是由学校全体成员来共同完成的，从校长、副校长到中层管理人员、后勤工作人员、实验室管理员，从任课教师、班主任到班干部和每个学生（自我管理），各自都负有自己的职责。从精细化管理的要求来看，目标必须要逐级逐层地定立，责任到岗，责任到人。同时要注意克服出现为了各自的目标，各自为政的局面，通过整体目标的确立，强化团队合作，形成教学合力，全面提高教学质量，整体提高学生素质。

（二）教学管理目标的实施

抓好目标管理在教学中的实施，是提高教学管理水平的关键。对教学目标的实施进行管理，应该包括对执行全过程的指导、检查、督促、控制和调节等工作，最终促使目标达成。

1. 指导实施、提供服务。首先要帮助执行者明确目标，分析实现目标的有利条件和不利因素；进而将目标具体化，找出切实可行的措施和途径；通过组织教师会议、学生会议、家长会议等形式，收集各种信息，及时反馈给执行者，使其根据实际情况的变化，作出相应的调整。

2. 关注进程、检查落实。在执行过程中，要对执行情况进行定时或不定时的检查，通过参与备课、听课、教研，检查教案和作业，召开学生座谈会、问卷调查等方式，掌握教学动态，控制教学活动，督促措施的实行，促成目标的实现。

3. 协调关系、解决困难。对执行过程中出现的困难与问题，随时了解掌握，及时予以解决，提供帮助和支持，主动协调班级、学科、教师以及其他相关人员之间的关系，强调目标的整体性，使各分目标进展均衡，措施运用协调。

（三）教学管理目标的检验

对教学管理目标进行检验，就是要对教学成果（目标达成情况）进行评价、公布，深入细致地分析、总结，发现目标、措施及执行过程中存在的问题和不足，不断完善教学目标管理，保证教学质量的稳步提高和学校教育教学工作的持续发展。做好教学管理目标的评估和检验，应注意以下几点：

1. 评价标准要科学合理，杜绝“以分数论英雄、以成绩定成败”的现象。在强调目标是否达成的同时，要考察目标的可行性、措施的有效性，并通过研究执行过程中的数据资料（如教案、作业、教研记录、听课笔记等）考查执行者是否尽职尽责，特别是要通过对学生的课堂表现、课后活动、行为习惯、班风班貌和考试成绩的综合研究，全面考查学生综合素质的提高情况，尽可能使评价结果公正合理。

2. 对教师学生的评价要做到公平。在目标制定因教师而异、因学生而异、因班级而异的前提下，评价也要客观公正，努力构建公平的评价环境，让每个人得到的评价都能与他的努力程度相当，从而调动学校中各类人员的积极性，主动为达到目标而努力。

3. 评价体系中要有严明的奖惩体制，严明的奖惩是对管理者意图的最好解释。在适度的前提下，对有突出贡献者要给予重大奖励，而且要郑重其事；同样对有严重失误者也要予以严厉的惩戒。奖惩要注意物质与精神的统一，偏重物质会使奖惩背离其初衷，偏重精神又缺乏持久性。奖惩还要注意及时兑现，以达到奖惩最强烈的心理效果，更有利于后续管理目标的执行。

三、教学管理的主要内容

教学管理在学校各项管理工作中处于中心地位，所占比重也最大。农村中小学要抓好教学管理，主要应从以下几方面入手：

（一）课程管理

中小学课程是由课程目标、课程计划、课程标准、教材、教学以及评价等各个部分组成的有机联系、相互作用的统一整体。要保证教学质量，就需要明确各部门的职责、权限，彼此间相互协调配合，对课程实施有效的管理。

农村中小学校的课程管理主要是指课程的组织、实施与评价，是学校管理工作的重要内容之一。如前所述，农村中小学在课程设置与管理方面存在诸多问题，严重制约着农村学校的教育教学质量和学生的全面发展。随着课程改革的深入，又对原有的中小学教育教学提出了新的要求，农村中小学必须抓好课程管理这一实施素质教育的关键环节，以适应新的形势，适应学生发展的需要，不断提高办学质量。

1. 科学组织师资力量

科学组织师资力量就是要根据学校教学的实际需要，在充分考虑每个教师的教学能力和特点的基础上，合理安排各年级、班级的任课教师，最大限度地保证教学目标的实现，教学质量的提高。

农村中小学普遍存在着师资力量薄弱的问题，在安排师资过程中要充分考虑这一因素，努力变不利为有利。具体来说，根据不同教师的特点，充分发挥每一位教师的业务专长和特殊爱好，安排最适宜的班级任课；体现均衡性，在各年级和学段之间骨干教师与一般教师、青年教师与中老年教师、高学历的教师与低学历的教师、男教师与女教师要均衡搭配，以形成优势互补；循环任课和固定任课相结合，一般情况特别是班主任宜采取循环任课，即我们所熟知的“大循环”与“小循环”模式，在某一年级或学段有特殊进行方法且效果显著的教师可相对固定地安排在这一年级或学段；要把对教师的使用和有计划地培养结合起来，在条件容许的情况下，尽可能多地为教师提供外出学习、进修、培训的机会，并在教学实践中有意识地培养青年教师；等等。

2. 合理安排作息时间

制定学校作息时间表就是要对师生员工每日在校的工作、学习、活动等时间作出科学合理的安排。

制定学校作息时间表，合理安排作息时间要做到：学校作息时间表要体现少年儿童身心发展的特点及作息规律，按照劳逸结合的原则，给师生充足的休息时间和适度的文体活动时间；学校作息时间表必须符合国家有关部门的规定要求，杜绝疲劳作业，摧残师生身心健康；学校作息时间表要结合农村学校的特点、季节变化特点和农耕时令的特点，在不违反前两项要求的前提下，因地制宜、因时制宜，使之更具有可操作性；等等。

3. 积极开发课程资源

所谓课程资源是指凡有助于实现课程目标的一切因素，是课程设计、实施和评价等整个课程编制过程中可以利用的一切人力、物力以及自然资源的总和，包括教科书、图书资料、网络，以及学校、家庭和社会中所有有助于提高学生素质的各种资源。

作为农村中小学办学的一大困难，课程资源不足其实是开发利用不够，解决这一问题，除了依靠国家政府投入和社会各界的支持外，农村学校应充分利用当地条件、积极开发教学资源和课程资源。开发课程资源要充分调动教师、员工、学生、家长以及农村社区的一切力量，集思广益，共同开发课程资源，如某校针对自身艺术课开设存在的困难，在全村公开征集艺术课课程方案，使问题得到解决；要发挥农村地域优势，利用当地自然地理环境、乡土文化、历史遗迹、民风民俗，结合农村的生产实践，开发和利用乡土资源；利用校园环境和现有设备，结合校园文化建设，营造出融教育性、艺术性于一体的良好氛围，同时最大限度地发挥现有教学设施的作用，开发新的课程资源；条件容许，要建立校园网络系统，利用网络开发课程资源；等等。

4. 认真制订教学计划

教学计划是学校根据党和国家的教育方针、政策、制度、法规，对教育教学工作的具体安排，是学校教学活动的指导性文件。学校以及教导处、教研组、备课组、任课教师每个学期、学年都要制订决定性教学计划，使学校教学活动能够有计划地进行。

农村学校制订教学计划必须全面贯彻党的教育方针，保证学生德、智、体、美、劳诸方面的全面发展；必须体现学校的教学管理目标，以提高教学质量和学生整体素质为核心；学科课程设置要符合国家的规定要求，并保证各阶段教育的相对完整性；根据农村学校自身的特点，因地制宜地安排教学计划，体现统一性与灵活性的统一；教师的教学计划还要深入具体，进度时间表要具体安排周计划和课时计划；等等。

5. 及时掌握教学动态

在教学计划执行过程中，教学副校长、教导处等教学管理部门要监督教学过程，及时了解教学进展情况，发现存在问题，迅速予以解决，保证教学活动顺利进行。

教学管理人员要定期组织教案（教学设计）检查或不定时抽查，了解教师备课情况；经常进行听课，保证一定的听课次数，并及时对教师的课堂教学进行点评；定期召开教研会议，交流教学经验，解决发现的问题；按照精心设计，减负高效原则定期组织作业检查或不定时抽查，掌握学生作业批改的次数和质量，以及纠正、辅导情况；走访或接待学生、家长，从服务对象那里接受教学信息的反馈；等等。

6. 公正进行教学评价

所谓的教学评价是指人们借助理论以及方法、手段对教师教学行为或结果，对学生学习行为或结果的价值所作出的评议和判断的过程。教学评价目的是为了提高和改进教育教学效果，促进学生主动的、全面的、和谐的发展。公平、公正地进行评价教学，是进一步提高办学效益、促进学校发展的重要环节。

进行教学评价要做到：对教师教学质量的评价要客观全面，要从教材内容的驾驭、教学方法的运用、教学情境的创设、课堂教学的效率、教学效果（成绩）的优劣以及作业、练习、辅导等诸多方面进行综合评价，以激励教师不断提高教学水平；对学生学习效果的评价公正适当，以鼓励方式为主，立足学生发展进行课堂教学评价，结合学生基础进行学生学业成绩评价，细心呵护学生学习兴趣，开发学生创造性思维，促进学生全面发展。

（二）教学常规

教学常规管理就是把大量的、反复出现的日常教学管理事务，按其各自内在规律，制定出都必须遵循的规定和规则，并使之成为相对稳定的工作准则和行为规范，保证正常的教学管理工作秩序。

教学常规主要是指教师教学常规，包括备课、课堂教学、作业的布置和批改、课外辅导、实验、考试、教学研究等，具体要求如下：

1. 备课

备课是提高教学质量的关键。要通过备课程标准、备教材、备学生、备方法、备过程、备资源，做到心中有目标、眼中有学生、手中有方法，体现课程改革和素质教育的目标和任务；备课要结合运用集体备课和个人备课两种形式。从过程上看，备课又包括课前备课、课中备课（课堂应变）、课后备课（反思）。教案（或教学设计）内容一般包括：教学目标、教学重点和难点、教学方法、教学手段、板书设计、教学步骤、练习反馈、作业布置、教学反思等；教案（或教学设计）的详略应视教师的工作年限、业务素质、任教学段、科目的数量区别对待。

总的要求，备课要做到教学目标明确、资源开发充分、教材钻研透彻、主体地位突出、教法合理有效、过程设计缜密、教案规范完整。

2. 课堂教学

课堂教学是学校教育教学活动的主阵地。教师在课堂上应做到仪表端庄、语言规范、板书设计合理、书写工整、实验操作正确熟练；严格按学校课表上课，不得擅自调课、停课，准时上下课，并举行必要的仪式；上课不得无故离开教室，不做与教学无关的事；教师要尊重学生，不讽刺挖苦学生，严禁体罚与变相体罚学生，严禁在学生中传播有害学生身心健康的信息；课堂上处理好主体与主导、全体与个体之间的辩证关系，提倡学习方式的变革，激发学习兴趣、启迪学生思维。

3. 作业的布置和批改

作业是课堂教学的延伸。作业的布置和批改要有针对性，做到精心布置、细心批改、及时反馈、方法有效；严格控制课外作业总量，减轻学生过重的作业负担；提倡作业形式多样化，教师应布置学生适量的、切实可行的课外非书面作业；教师批改作业要认真及时，按要求布置的作业要全批全改，并要注明批改日期；对学生的作业要求格式统一、书写规范、卷面整洁，不合要求的要重做，未做的要补做，做错的要更正。

4. 辅导

辅导是教学活动必不可少的环节。要从认知基础、情感态度、学习习惯等多方面对学生进行综合分析，制定有针对性、有重点的辅导措施；在条件允许的情况下，做到分学习能力层次辅导学生，做到辅导课上人人有收获，每次有不同程度的进步；辅导要耐心细致，对学生充满爱心和信心，辅导时要讲究语言策略，要讲究技巧，尽量做到启发辅导；对于作业辅导，争取做到面批。

5. 检测

检测就是要对学生学习效果进行检验。按教学计划开设的课程都要进行考查或考试，按规定评定学生学业成绩；教师应根据教学内容制订阶段性或全课性复习计划，组织学生进行复习；对学生有操作、应用或实践等方面要求的课程，由任课教师进行考查，教导处组织验收认可；教师要进行全面质量分析，并给学生作认真讲评。

6. 学生学习常规管理

学生学习常规管理是优化学习过程、提高学习质量和效益的重要环节，更是以学生为本的管理理念的具体体现和学生获取终身学习能力的重要方面。学生学习常规主要由课前预习、课堂学习、课后复习、作业、实验、考试等方面组成。学校要通过这些学习过程的管理，让学生养成良好的学习习惯，帮助学生学会学习，形成良好的心理素质，促进学生的成长。

（三）教学研究

教学研究是教学过程的重要内容，是推进教学改革、提高教学质量、促进教师专业化发展的重要途径。在以校为本的教学研究中，要关注教学问题、强化教学设计、立足教学活动、重视教学反思、优化成果表达。

教师个人、教师集体、专业研究人员是教学研究的三个核心要素。学校应具备教学研究的能力，形成自我发展、自我提升、自我创新、自我超越的内在机制，成为真正意义上的学习化组织。

1. 理论学习（读书）和专业引领

教师要学习与职业相关的知识，在当前，要全面系统地学习与新课程相关的教育教学理论和学科专业理论，从而为自己的教育教学活动提供一个新的起点；学校要建立教师读书制度，鼓励教师读书学习；学校要通过组织学术专题报告、理论学习辅导讲座、教学现场指导以及教学专业咨询（交流）等形式，为教师的教学活动提供专业引领；学校要结合教师的继续教育，为教师提供外出学习、进修的机会，提高教师素质。

2. 教师自我反思

反思是教师以自己的职业活动为思考对象，对自己在职业中所作出的行为以及由此所产生的结果进行审视和分析的过程。教师要对自身专业生活现状、教学惯例保持一种批判反省的态度，不断澄清、质疑自身教学惯例行为背后的预设、信念、思维模式，开启新的视野，倾听内在的心声，激发对教学生活意义的追寻与感悟，重建新的自我；学校要建立相应的制度机制，督促教师通过教学随笔、教学日记、课后备课（课堂教学反思）、成长自传等形式对自己的教学行为进行反思总结，并提炼成果。

3. 教师集体教研

日本教育家佐藤学说：“要改变一所学校，需要不断开展校内教研活动，让教师敞开教室的大门，进行相互评论，除此以外，别无他法。”教师集体教研强调教师在自我反思的同时，开放自己，加强教师之间的专业切磋、协调和合作、共同分享经验、互相学习、彼此支持、共同成长，通过同行互助，防止和克服教师各自为战和孤立无助的现象，这是教师群体专业化发展和教学改革深化发展的有力保证。

学校要依托教导处、教研组组织教师开展集体教研；教师同事之间要进行互助指导式的观摩听课，以相互学习、相互促进、取长补短；建立教师公开课制度，更多地指向提高课堂教学和其他课堂行为的有效性上；展开跨学科、跨年级的教研活动，交流教学经验，探索教学规律，提高学校整体教学水平。

（四）考试测验

考试测验是教学控制系统中的重要环节，是检验教学效果、检查学生知识掌握程度的一种有效手段，也是学生学习过程中的一个重要组成部分。考试对学校的教育、教学工作起着“调控、指挥”的作用，农村中小学一定要建立严谨科学的考试制度，以促进教学质量的提高。

1. 考试的方式

由于考试测验的目的和学科特点不同，考试的方式也应灵活多样，即笔试、口试、操作考试并行并重，开卷、闭卷相结合。一般情况下，对小学生特别是小学低年级学生来说，应着重要求其记忆基本原理、概念、公式、法则等，可以多采用闭卷考试；对中学生来说，既要求其在理解的基础上掌握必要的书本知识，又要求其具有一定的分析问题的能力，应当是开卷与闭卷结合进行，并随着学生年级增高而适当增加开卷考试的比例；文科科目要笔试与口试相结合，理科科目则应特别重视操作考试，如数学中的测量、化学中的实验、物理中的操作等。

2. 考试的命题

命题的着眼点应在考查学生掌握基础知识和基本技能的基础上，注意考查学生灵活运用“双基”的能力。中小学考试命题的原则主要有：考试命题必须依据教学大纲或课程标准的要求，坚持试题抽样具有代表性原则；命题必须符合难易适度的原则，试题应避免过难或过易；试题应有适当的梯度，合理确定不同难易程度试题在试卷中的比例；试题应体现覆盖面大的原则，以确保和引导学生全面掌握知识；题型采用多样化的原则，在参照中考、高考题型的基础上，根据学科特点灵活变换题型；试题必须符合简明、清晰、准确的原则，克服题意不明、模棱两可的现象；题量和考试时间要适中；等等。

3. 考试的评分

考试评分既要贯彻“客观、严谨、公正、准确”的原则，又要体现灵活性原则，促使学生在平时的学习中既注重基本概念、基本原理的准确掌握，又注重基础知识的灵活运用，鼓励学生发散思维，取得良好的学习效果。

考试成绩是评价学生学业完成情况的重要方面，但不应是唯一的方面，通过一张试卷很难完全真实地反映出学生的学习成绩来。因而，必须把平时学习成绩和期末考试成绩结合起来进行评定，学生平时的作业、练习和课堂上学生答问的情况以及课下与学生的交谈等都可以作为评定学生学习成绩的依据。这样能够帮助教师及时地了解和掌握学生的学习状况，从而使教师及时调整教学方法，更好地发挥主导作用，同时可以督促学生在平时学习过程中刻苦勤奋，努力向上，避免“平时不学，考时急抓”的现象，也可减轻因考试给学生增加的负担。

4. 考试的组织

根据教学的需要，任课教师、班级、年级组、教导处都可以组织学生的考试或测验，但频率不宜过高，次数不宜太多。每次考试测验都应严肃认真地组织，严格执行考试纪律，端正考风，进而带动良好学风的树立。

期中、期末考试是中小学校的重要考试，考务工作一定要认真、细致、严密。一般来说，考务工作要做到：教导处要按照教学大纲或课程标准要求统一组织命题；统一安排考试日程，合理编排考试科目和时间；根据实际情况编排考场，保证良好的考试环境；试题的印刷、保管、分发要有专人负责，确保试题的安全保密；统一安排监考教师，严肃监考纪律；考试进行中要专门安排场外巡视和工作人员，及时处理突发事件，保证考试顺利进行；考试结束后，要统一组织阅卷评分工作；准确及时登录考试成绩，并存档。

（五）招生入学

招生入学工作是学校工作的重要组成部分，生源的组织关系着学校的生存和发展。

农村中小学校做好招生入学工作的基本要求有：坚持以国家的法律法规和上级教育行政主管部门的有关规定为依据，以面向每一位适龄儿童、少年，切实维护中小学生的合法权益，规范办学行为为原则，依法实施义务教育阶段学校招生入学工作；根据公办学校“免试就近入学”原则，自觉接受上级教育行政主管部门的领导，按照上级统一规定的招生计划和招生范围组织生源；坚持公开、公平、公正的原则，及时向社会公布招生入学工作的相关信息，不得拒绝接收具有接受普通教育能力的残疾适龄儿童、少年随班就读；合理确定班级规模，公平编班，不得以创办特色为名举办重点班，不得以任何形式测试选拔学生；有体育、艺术特色项目的学校，要按有关规定招收批准项目与计划的体育、艺术特长生；学校的一切招生工作要在每年的9月1日前完成，保证新生按时入学。

（六）学籍管理

对受教育者进行学籍管理是《教育法》赋予学校的权利之一，中小学学生学籍由学校审核、编制、管理，并对教育行政部门负责。搞好学生学籍管理是规范学校办学行为，全面提高办学质量的重要环节。

学籍管理由教导处指定专人负责，建立责任制，设立学籍档案，严格管理，妥善保存。学籍管理工作主要包括以下几方面：

1. 学籍的建立

新生入学后，学校要填写好新生花名册，上报教育局，学生变动情况应于开学后十天内送有关单位汇总统计；新生注册后，由教导主任批准便取得学籍，编列学号，学生学号长期不变，留级生、复学生和转入生一律使用原编号码；对借读生，招收学校须建立正式的学籍，并负责向该生户口所在地或学校出具已入学证明。

2. 学籍的管理

学校必须为每个学生建立接受义务教育情况卡和学籍卡片，卡片由班主任负责如实填写并保管，每学期末交教导处保存。按照学籍管理的有关规定办理学生的休学、复学、转学、留级等事宜，义务教育阶段的学生不得退学、辍学或被学校开除；学校对修完规定课程且成绩合格者，经教导主任审核，校长批准，由学校发给毕业证书；不合格者，发给结业证书。

3. 奖励和处分

学生对学校、社会、国家作出突出贡献的，或在某一方面取得优异成绩并获得一定荣誉的，可按不同情况给予表扬奖励，并载入学籍卡和学生档案；对德、智、体等方面都得到较好发展且成绩突出的学生，应发给奖励或授予“三好学生”称号，连续五年被评为“三好学生”的，毕业时学校应发给“优秀学生”奖状或证书；对学生的奖励，由班主任或者有关教师提出，一般情况由教导主任审核、批准，授予“三好学生”、“优秀学生”称号的，需经校务会议或全体教师会议审查通过，由校长批准公布。

对严重违反学校规章制度，侮辱教职员工、殴打同学、聚众打架、严重损坏公物、赌博或有偷窃等不良行为的学生，教师应深入了解情况，分析原因，重在教育，热情帮助他们改正错误；对极少数屡教不改的，由学校教导主任或职教主任调查核实，经校务会议或全体教师会议审查通过，校长批准，可分别给予警告、严重警告和记过处分，但不得勒令学生退学或开除学生；对受警告、严重警告和记过处分的学生要热情帮助，不要歧视，经过教育能深刻认识错误，有改悔表现和显著进步的，在被处分后的半年至一年内，可由学生本人或班主任提出撤销处分要求，经教导主任审查，校长批准，公布撤销处分，并在学籍卡片和学生档案内注明。

（七）体育艺术

学校体育、艺术教育工作是素质教育的重要组成部分，也是中小学教学管理的重要内容。当前，中小学校体育、艺术教育工作仍然是学校教育工作中最为薄弱的环节之一，特别是农村中小学体育、艺术器材设施缺乏，教育条件简陋；体育、艺术教学开课率（课时）不足，课外文体活动得不到保证，学生文化学习时间过长，课业负担过重，学生体质健康状况令人担忧。积极推进农村中小学体育艺术教育工作，对于促进学生身心健康发展，培养学生个性特长，提高学生整体素质具有重大意义。

搞好农村中小学体育、艺术教育工作要从以下几方面入手：

1. 增强学校体育、艺术教育工作的使命感和责任感

学校要从全局和战略高度，深刻认识加强学校体育、艺术教育工作，促进青少年健康成长，是实现中华民族伟大复兴的必要途径，是全面实施素质教育的重要内容；要牢固树立"健康第一"的指导思想，坚持依法治教、依法办学，摆正体育、艺术教育工作在学校教育中的位置；学校校长要认真履行学生体质健康第一责任人的职责，加强对学校体育、艺术教育工作的统一规划和领导，进一步增强政治责任意识和历史使命感；体育、艺术教师要配合学校认真研究解决学校体育、艺术工作中存在的实际问题，制定切实可行的措施，确保学生接受体育、艺术教育和参加活动的权利，把学校体育、艺术教育工作抓紧、抓实、抓好。

2. 切实实施新的体育、艺术课课程标准

要开足、开齐体育、艺术课时，积极推进课程改革，按照新课程标准要求，开发地方体育、文化资源，丰富校本课程形成地方特色；体育、艺术课要选择能有效增强学生体质健康、提升综合素质的教学内容，并遵循学生身心发展规律、运动技能形成规律组织教学，改革教学方式方法，强化体育、艺术基本知识、技能、审美能力及表演技能的教学；体育课要有适宜的运动负荷，坚持身体素质课训练，加强体能练习，培养学生自锻能力、创新能力，锤炼强健体魄，保持体育、艺术学科实践性的特色；切实落实学生每天一小时体育活动（即早操、课间各 2 套操、无体育课当天安排 1 节体育活动），列入课表形成制度，定期督察并公布实施情况；认真组织学生喜爱、形式多样、内容丰富且具地方特色的课外体育、艺术活动，培养学生体育意识，养成自觉锻炼习惯，活跃学生课余文体生活，确保全体学生身心健康成长，促进学校体育、艺术教育工作与德育、

智育和谐发展。

3. 着力提高体育、艺术专业教师素质

学校要根据体育、艺术课的实际需要，配备合格的专业教师，满足中小学体育、艺术教育教学的基本要求；要结合新课程的实施，开展骨干教师培训，造就一支符合时代要求、发挥示范作用的骨干教师队伍；坚持把师德教育摆在教师队伍建设的突出位置，不断提高教师的思想品德、文化素养、敬业精神和职业道德，做到为人师表，树立良好的社会形象；积极采取措施，大力加强体育、艺术教师培训，通过多种形式、多种渠道全面提高教师学历层次和业务素质；充分发挥学校体育、艺术教研组的主观能动性，加强教学管理，定期开展教学教研活动，更新教学理念，加强新课程学习研究，深化课程改革，拓展校本课程，不断创新、改进教学方法，提高教学能力和教学水平；要关心体育、艺术教师的生活和工作，尊重他们的劳动，保障教师合法权益。

4. 积极实施《学生体质健康标准》，参加各类文体活动

学校要建立健全《学生体质健康标准》管理运行机制，配备必要的测试仪器设备，落实岗位责任制，促使《学生体质健康标准》的实施逐步规范化、制度化、科学化；要逐步建立学生体质健康检测、咨询中心，定期组织检测和数据分析，并向家长、社会公布学生体质健康状况，发挥教育功能、指导功能和反馈功能，增强学生自我锻炼意识与健康意识，营造学校、社会、家庭共同关心青少年健康成长的氛围和环境；有组织、有计划地开展课余体艺训练，培养优秀体艺后备人才，形成学校体育传统与艺术特色；学校要每年组织1～2次以田径运动为主的综合性运动会及艺术展演活动或体育艺术节，改革学校运动会传统竞赛的模式，突出健身、娱乐功能；积极参加有关部门组织的各类体育竞赛、书画比赛、文艺会演等活动，满足学生校内外体育文化生活的需求。

（八）其他工作

管理图书馆、阅览室，管理教学档案，管理电教室、电脑室，管理实验室，管理文印室等等也是学校教务工作的组成部分。

1. 图书馆、阅览室的管理

图书馆、阅览室的管理工作由图书管理员在教导主任的领导下具体负责。主要职责包括：按时开放图书馆、阅览室，自觉遵守劳动纪律，切实加强业务进修，努力提高管理水平和服务质量；根据教育和教学工作的需要，及时做好图书的采购工作，保证图书经费的合理使用；严格借阅手续，防止丢失和严禁长期借阅不还，随时向师生进行爱护书刊的教育；做好图书的分类、编目、登记、上架工作，保证图书的正常流通，提高图书的利用率和周转率；主动配合教研组、年级组、团委、学生会、课外兴趣小组等开展读书活动，充分发挥图书在陶冶学生道德情操和增长科学文化知识方面的作用；及时向师生推荐新书，提供最新教学动态和教改信息，充分发挥图书在教学研究和教改试验中的作用。

2. 电化教室的管理

电化教室的管理工作由电教管理员在教导主任的领导下具体负责。主要职责包括：管好学校电教设备、仪器，做到分类存放，总账和分账完备，账、物、卡相符；出借的电化教学有关器械，负责收回保管，如有损坏，要及时上报；管好电化教室（多媒体室、微机室、语音室、课件制作室等），确保室内清洁卫生，仪器正常使用；按授课教师要求，准备好电教教材，协助任课教师放映科教片、教学录像片、语言教学片、幻灯片等，协助教师开好电教课；认真钻研业务，熟悉各种电教设备的性能和使用方法，并做好一般维修工作。

3. 实验室的管理

实验室的管理工作由实验管理员在教导主任的领导下具体负责。主要职责包括：认真学习有关教学大纲、课程标准和教材，刻苦钻研业务，熟悉仪器；根据教学需要向有关负责人编报需要添置的仪器和药品计划，在到货验收时发现问题，要及时向有关负责人反映；根据实验计划，做好实验的准备工作，督促和协助任课教师上好实验课，积极帮助课外科技小组活动；严格执行仪器设备保管使用制度、实验室规则、实验记录报告制度、安全防护制度，对师生在实验程中出现的不遵守管理制度、违反操作规程、损坏仪器、造成浪费的现象，敢于开展批评教育；建立实物明细账，每学期盘点一次，做到账账相符，账物相符；仪器药品必须全部入橱，要分类存放、合理排列、定橱定位、定期保养、及时维修，使用说图书，应分类整理，集中保管；剧毒、易燃、易爆等危险品应按公安、消防部门有关规定保管、使用。

4. 文印室的管理

文印室的管理工作由文印员在教导主任的领导下具体负责。主要职责包括：努力学习，钻研业务，不断提高工作能力和水平；要节约纸张、蜡纸和油墨，尽量减少浪费，保养好文印设备；做好文印室清洁卫生工作；做好文印数量的登记和统计工作，定期上报；注意做好试卷的保密安全工作，严防试卷泄露被盗。

5. 教学档案的管理

教学档案的管理工作由教导员在教导主任的领导下具体负责。主要职责包括：做好校历、作息时间表、计划表、课程表等的收发和管理工作；做好教师的平时听课、公开课、教研活动统计工作，并在教导处及时公布；做好教师的上课考勤、早晚自修辅导考勤的统计工作，并及时公布；做好教学检查的小结、总结材料的汇总及记录工作；做好新老教师挂钩、论文论著发表、进修培训、教科研等情况的记录；做好各种学科竞赛活动的记录、表彰、入档等工作；做好期中、期末、毕业考试的成绩统计工作；做好师生表彰的登记、存档工作。

附 3：农村中小学教学目标管理案例

某农村初中 05 级学生初二年级教学质量目标

该届在初一年级时，语文位于县第 9 位，数学位于县第 12 位，英语位于县第 15 位，政治位于县第 9 位，历史位于县第 10 位，总分位于县第 11 位，优秀率为 14.08%，及格率为 71.98%。

在综合考虑学校的总体办学目标，学生当前的学习质量状况和学习状态，师资力量和不同学科的特点等因素的基础上，该校将本届初二年级教学目标确定为：教学质量要有明显提高，总体目标“保七争六”——参加本县校际联考综合指标确保前七位，力争第六位；优秀率在上年基础上提高 50%，不及格率减少 50%；语文学科保六（或平均分高于县平均值 6%），数学、物理学科保四争三（或平均分高于县平均值 10%），英语学科保七争六（或平均分高于县平均值 12%），政治、历史学科保六（或平均分高于县平均值 5%）。

学校将上述目标要求绘制成柱状图，下发到各教研组、学科组和初二年级组，并责成教导处、教研组组织教师分析研究，拿出具体措施。

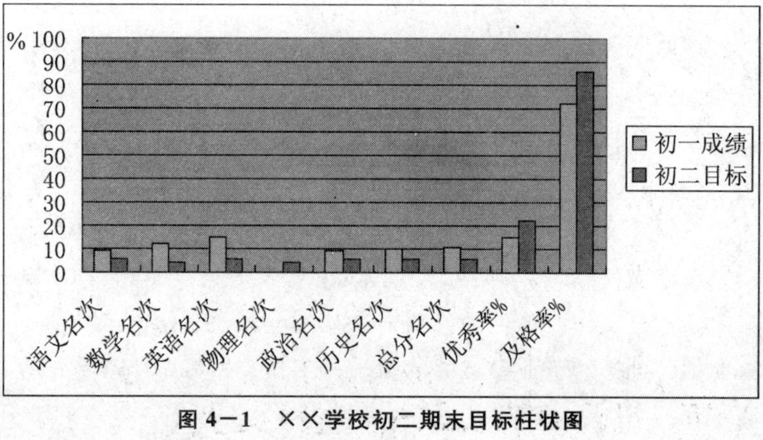

图 4—1　××学校初二期末目标柱状图

经过一年的努力，期末时该校初二年级成绩为：

语文位于县第6位，达标；

数学位于县第3位，达标；

英语位于县第8位，未达标；

物理位于县第3位，达标；

政治位于县第5位，达标；

历史位于县第6位，达标；

总分位于县第7位，达标；

优秀率为21.18%，基本达标；

及格率为87.66%，达标。

由此看来，该校初二年级组完成了预定任务，达到了预期目标，也说明了目标定位是合理的、正确的，措施是有效的。

第五章　农村中小学班级管理

班级是学校教育和管理的基本单位，是学校教育教学工作的依靠力量和组织保证。一个良好的班集体对每个学生的全面发展有着巨大的作用。班级管理是教育目的能否实现的至关重要的一环。只有把一个班的学生很好地组织起来进行教学活动，才能使这个班的学生在德、智、体、美、劳等方面得到发展。只有把教育目的和教学计划很好地落实到每一个班，才能提高全校的教育教学质量。

随着教育改革形势进一步发展，许多新的教育理念和思想正在不断地涌现出来，以人为本，关注人的个体成长和终身发展已成为教育界的共识。另一方面，农村中小学往往面临生源质量普遍不高的教育实情，这使班级管理工作变得更有挑战和意义。

一、农村中小学班级管理现状

农村中小学一般信息比较闭塞，教育观念及理念有待改善。长期以来，在应试教育的影响下，多数教师在班主任工作中，“家长式”管理观念严重，过分夸大“师道尊严”，完全忽视学生的内在需求，只是一相情愿地把自己的管理意识强加给学生，无法形成班级管理的合力，使班级管理机制以及班委会的作用发挥得不够。农村中小学班级管理中存在的问题形式多样、变化多端。

（一）当前农村中小学班级管理存在的问题

1. 忽视学生的主体作用

传统的班级管理，缺乏科学理论的指导，不能充分体现以学生为前提，以学生的主体性发展为条件和最终目的这一教育目标。班主任管理普遍带有主观性、随意性，或是强制性地发号施令，或是家长式地出言规劝，或是保姆式地看管，不给学生一点自由支配的权利。长期以来，班主任起早贪黑，班级工作事无巨细都要管。这种管理方式一方面使班主任疲于奔命，事务缠身，阻碍了自身的提高；另一方面，这种“保姆式”的管理忽视了学生的主体性，压抑了学生的自主、自理、自制能力的发挥，不利于现代人素质的培养。

2. 无法形成班级管理中的合力

在相当多的农村中小学中，由于班主任的组织能力不强或对班级的责任心不够，以及自身素质不高的影响，造成所任班级的学生集体荣誉感不强。学生和班主任界限过分分明，教师没有融入到学生中。善于组织学生开展活动是教育学生的重要条件，所以，教师具有较强的组织能力对于形成良好的班风是必不可少的。

3. 缺乏有效的管理机制

在大多数农村中小学中，各种管理机制如各种规章制度、班级目标、班级公约、奖惩制度、竞争机制等都是存在的，但有些内容形同虚设，有的无实际内容，有的有内容但无法具体操作，有的在操作中有所偏失等，这些都容易造成学生对班集体的不信任感及对各种制度的不尊重。

4. 班委会和骨干的核心作用发挥不当

一个良好的班集体，必须拥有一批团结在班主任周围的积极分子，组成班集体的核心。有了这个核心，才能带动全班同学去努力实现集体目标。一级管理人员即班内核心力量，他们分别负责其他的各项工作。

农村中小学班干部作用发挥不当，主要表现在：班干部的任用不当，往往采用直接任用的方式选拔的班干部在同学中缺乏威信，不能有效发挥作用；班干部的作用发挥不当，班主任不能越俎代庖，学生无法实现自主管理；抑或过分信赖班干部，对其他学生评价不恰当，使班干部的工作越来越难开展。

5. 班级管理缺乏民主化、细致化

在农村中小学里，大多数班主任遇到事情不和学生商量，而是自作主张，不考虑学生的想法。由于农村地广人稀，教师对学生的家庭情况了解不够全面，容易对一些情感脆弱的学生造成一些伤害，对团结同学不利，对学生成长更不利。

6. 活动开展不够

集体活动能发挥娱乐、导向、育人的功能。而在农村中小学里，由于条件不好，班主任不能组织一些有意义的活动，体现不了学生间的协作精神。

7. 班级管理步调不一，班主任孤掌难鸣

班级的管理其实涉及许多方面，学校、社会、家庭等因素都在影响着班级管理工作。而在农村学校往往存在学校的工作与班级管理的不协调，社会与学校、班级管理的不协调，家庭与班级管理的不协调的状况，造成了学校教育得不到家庭、社会支持，教师一个巴掌拍不响的局面，直接影响了班主任对班级管理的成效。

（二）当前农村中小学班级管理出现问题的原因分析

1. “师道尊严”的师生伦理观

农村中小学长期受传统教育的影响，强调“唯师是从”，学生如练兵场上的战士，时刻等待着命令。学生的优劣完全取决于是否听话及“执行命令”的快速程度和准确程度。要求学生听从教师的安排，学生的思维和行动自始至终都在教育者事先确定的轨道上运行，以行动的整齐划一为管理得法的唯一标准，使学生的在校生活停留在遵守纪律的层次，使管住学生成为班级管理的主要任务。

2. 班主任自身素质有待提高

要搞好班级管理工作，就必须搞好班风建设。而要形成良好的班风，就必须要求班主任自身素质过硬，然后由教师带动和影响学生，从而提高学生的素质。班主任要注重自己的行为给学生带来的影响，从自身做起，要求学生做到的，自己首先必须做到。

3. 班主任缺乏理论指导及创新意识

(1)“经验论”长期指导着部分班主任的思想，不随形势变化而变化，没有学习新理念的意识，过于拘泥于传统教育的形式。

(2) 忽视集体的作用。班主任要积极组织学生参与学校各项有意义的活动，如拔河比赛、冬季越野等。在活动中，促进学生相互关心和尊重理解，形成团结协作的关系，但其重要性仍未引起足够重视。

(3) 班级文化建设意识的缺乏。班级文化主要是校园环境、班级墙报、学习园地、教室布局、学生专栏以及班级教育、学生言行、人际关系、衣着穿戴等等。而实际工作中大部分班主任并未意识到其重要性。建设班级文化，倡导一种积极向上的集体力量，这个工作应贯穿于学生的日常学习、生活及社会实践各个方面的内容。

(4) 服务意识的淡化。在农村教育中，我们对教育事业的服务性仅从人人为党的中心工作服务，为社会的需要服务的角度来理解，而对教师劳动的服务性及学校教育是为学生服务这一根本性的问题缺乏与时俱进的充分认识，在实践中仍受着传统观念束缚，视思想道德教育为管束，视文化科学教育为灌输，居高临下地以教育者自居，我教你学，我说你服。

(5) 中青年教师的管理经验不足。在农村中小学中，一些教师常常以经验来指导自己的工作，而一些年轻的班主任还缺乏这种经验，又不和老班主任探讨，自以为有一些新的理念，在工作中自以为是。

4. 爱心与耐心的缺乏

(1) 教育中的不公平现象。学生的学习和发展，不仅是社会化的过程，而且也是个性化的过程。然而在农村中小学中过分强调班级管理的工具性、驯服性，重视班级的社会化功能，忽视班级的个性化功能。另外，由于学生的家庭经济条件、学习能力、交际能力、心理状况等存在着一定的差异，加之不科学、不公正的教育评价观推波助澜，所以在班级中部分学生占据优势位置，部分学生处于不利地位。在班级管理中，存在着重视处境优势的学生，忽视处境不利的学生的情况，这样就形成了教育资源不能共享的现象，最终导致出现两极分化的局面。

（2）忽视非正式群体。学生生活在群体之中，在每一个班级中，除了每一个学生都参加的班级群体以外，实际上还存在着若干比较正式的群体和非正式的群体。正式群体的目的任务明确，成员稳定。非正式群体是学生自发形成组织起来的群体，它包括因志趣相同、感情融洽，或因地域关系以及其他需要而形成的学生群体。非正式群体既有积极的一面，又有消极的一面。它的确有活力，是学生进行学习、娱乐、生活和交往所必要的，可以弥补正式群体之不足。当然它也有盲目性、消极性，如不关心班集体、不团结同学、制造恶作剧、违法乱纪等，应引起班主任的重视。

俗话说："教学生要交心。"这话的意思：一是教学要教学生的心；二是教学要和学生"交心"。"教心"要注意教学生如何做人，"交心"就是在教育教学过程中，和学生要有心灵的交流，要用自己的真心去感化、融化学生的心。

师德之魂在于"爱"，爱是师生交往中的黏合剂。作为班主任，要懂得热爱学生，因为爱学生之心是教育的前提，是教育力量之所在。教师对学生的爱和理解，可以使学生感到温暖、关怀，可以沟通师生之间的感情。

二、农村中小学班主任工作

班主任是班级管理的关键，一个班级就像一个组织，更像一个家庭，如果没有了核心领导，就像一堆散沙无秩序。而班主任正是这个组织的领导人物，也是这个家庭的家长。他起到组织、管理、监督、教育等作用。

谈及农村的教育环境和条件，是无法与城镇相比的，当然各种工作特别是班主任的工作更不能照搬城镇的模式，而是靠自己根据实际情况摸索一条符合农村环境下的工作理念。这就要求教育工作者必须具备特殊的素质和教育理念。

（一）农村中小学班主任应具备的基本素质和专业知识

现在的农村已经发生了天翻地覆的变化，每一刻都是新气息。特别是国家对农村、农业和农民这三农的重点关注以来，农村可谓是另一个新天地。在这种气息中成长的孩子们，是一种刺激和幸福，但也是一种迷茫。有的无从选择自己的方向，有的模糊了自己的选择，有的甚至不知道何去何从。在这样的环境下成长的他们，更加需要教育工作者具备更高的素质来指引方向。

1. 严以律己是班主任工作的基本素质

几岁至十几岁的学生，他们的效仿能力是最强的。所以班主任严以律己尤为关键，而以下的五个“务必”是班主任严以律己的重中之重：第一，班主任务必做到“三不”——不迟到、不早退、不旷课，确保学生上课的基本秩序。第二，班主任务必认真批阅学生作业，最好还写一些评语和建议等，确保学生认真对待自己的学习。第三，班主任务必言行一致且果断，不能说到做不到，确保学生诚实坦率。第四，班主任务必穿着整洁，确保学生注意整洁穿戴。第五，班主任务必生活艰苦朴素，不追逐潮流不浪费，确保学生养成勤俭朴素的习惯。

2. 高尚的思想道德素质

教师被比做蜡烛、园丁、灵魂的工程师，而班主任是灵魂工程师中的灵魂工程师，而拥有高尚的思想道德素质是灵魂的核心。

教师的一言一行都对学生起着潜移默化的作用。班主任要以身作则，言教不如身教。凡要求学生做到的，教师必须首先自己做到，教师无声的带头表率作用，胜过生动的思想说课。班主任长期优良的示范是对学生最好的教育方法。另外，班主任要努力追求人生的高境界，不断完善自我，注意日常的举止言行，从而在学生面前树立一个可信赖的，可“模仿”的教师形象。倘若班主任不拘小节，甚至行为不检点，失去应有的威信，从而使管理工作难度加大，易造成教育效果的零效应甚至负效应。

3. 丰富的专业知识

班主任丰富的专业知识是取决一个班主任成功与否的一个重要因素。这里所说的专业知识除了班主任本身教学的专业知识外，要强调的是班主任管理工作的这一专业知识。

班主任要多参加一些班主任工作的培训和学习，同时自己也要学习相关内容，多听听其他班主任的工作意见，多观察他们的做法从而总结、积累经验，结合自己本班的实际情况实施适当的管理模式。

班主任还要具有组织管理、宣传鼓动、交往协调、分析解决问题等方面的能力。从知识结构看，不仅要懂马列、懂教育学、心理学，懂专业知识，还要涉猎文学、艺术、历史、法律、宗教等广泛的知识领域。正如教育家赞可夫所说的：“扩充教师的科学知识量，几乎成了提高学生知识量和提高教师在学生心目中的威信的最重要的条件。”实践证明，只有博学多才，才能使自己生命力旺盛。

（二）农村中小学班主任工作基本方法

1. 平等民主地对待学生

前苏联的一位教育学家曾说：“漂亮的孩子人人都爱，爱不漂亮的孩子才是教师真正的爱。”做老师的就应该公平地对待每一个学生，让学生享受到平等的权利。

平等地对待学生就要承认每个学生都有发展的潜力。因为作为十几岁的中学生，正处于不断的发展变化之中，我们谁也无法预测他的将来，所以当学生犯错误受批评的时候，不宜过早地给学生下结论，用过激的语言训斥学生。当然“你不可救药了!”“你是天生的笨蛋!”“你还有什么希望!”等等这些严重地伤害学生自尊心的话是更不应该说的。

平等地对待学生就要为学生提供公平的竞争环境，尊重每个学生的个性，比如两个学生打架，有的老师可能不问青红皂白就批评所谓的差生，造成“冤假错案”。再如有时老师偏爱学习好的学生，冷落差生，时间长了，形成两种极端的学生。俗话说“过多地赞美雄鹰，会伤害更多的小鸟”，过分宠爱会导致学生优越感太强，容易目中无人，遇到挫折时不易适应，过分冷落差生又会使学生失去自信心。所以，班主任对待学生的态度要一视同仁，这是班主任塑造自身形象赢得学生尊重的必要条件之一。

平等地对待学生不仅指教师要平等地对待所有的学生，也指教师和学生要保持平等的地位。有一句名言叫“蹲下来看孩子”，教育者要蹲下来和学生保持一样的高度，以学生的眼光看问题，看世界，这样才能真正尊重孩子，理解孩子，只有在这样的前提下，教育者才更有心去主动地创造更充裕的时间和空间去了解、剖析、关爱学生，为学生提供最适合的教育。教育的平等不只是学生之间的平等，更是教育者和学生间的平等，教育者和学生之间的平等是平等教育，民主化教育的基础。

2. 当好一个爱心班主任，促进学生养成良好的习惯

习惯的养成对于孩子一生都很重要。而一个农村学生好的习惯的养成一般都是在学校班集体的大家庭中。“谁爱孩子，孩子就会爱他，只有用爱才能教育孩子。”班主任就应努力当好一个有爱心的班主任，了解班风、学风，了解家长普遍的文化层次，了解学生的个性特征和生活环境，给同学们同等的爱，这是班主任顺利开展一切工作的基础。

现在农村很多学校已经实行了寄宿制，由于条件所限制，生活老师少，学生年龄小，生活起居有困难，那么班主任就应该花更多的时间去照顾学生的生活，给学生物质上的帮助、生活上的指导。与学生进行必要的心理交流，让学生感到老师无私的爱和深切的关怀，感到班主任是最信任的人，是有话最可倾诉的人，这样，班主任和学生的思想沟通了，那么教育学生改掉坏习惯、行为也容易多了。俗话说："严是爱，松是害，不管不教会变坏。"班主任在各项活动中，该肯定的就肯定，该否定的就否定，在全班形成一种能伸张正义、制止错误思想的现象的集体舆论。在班上，按照学校《日常行为规范》的要求对学生进行德育量化打分，班干部记录在德育量化手册上，把它作为年终评优评先的重要条件，促进学生行为习惯的养成，提高学生思想品德素质。

3．组建一支高效率、充满活力的班干部队伍

一个好的班干部，就是班主任的一个得力助手。在组建班委会时，要广泛听取学生意见，运用民主方式，让学生们参加竞选，这样选出的班委干部有一定的威信，同学们信任，有号召力，班干部做起事来也积极。还要经常对班干部进行教育和培养，鼓励他们大胆工作，严格要求自己，注意工作方法。

在工作中，要以班主任为主导，学生为主体。在教师主导上，著名的药物学家孙思邈在《千金要方》中提出："上医医未病之病，中医医欲病之病，下医医已病之病。"我们应把工作放在平时，及时把握学生的思想脉搏，充分发挥班主任的主导作用，要与学生、科任老师和家长经常沟通和联系，做到全面了解学生，从而及时洞悉学生的动态，找到帮助学生进步的最有效途径，这样我们班主任便成了一个医学生"未病之病"之上医。另外，还应重视学生的主体性，使学生感到自己在班级中的价值。现在农村的中小学生主体意识逐渐增强，学生便是班级管理的主人，每位学生都有无穷的潜能。

班主任有时可以有意识地“甩手”，让班委干部自己去管理班级。在工作中让他们为班级管理献计献策，而且大胆放手让他们开展工作，例如主题班会、办黑板报、寝室布置等有关工作基本上由班干部主管，班主任只是从旁指导，每项工作完成后，都及时找他们来总结，给予肯定和鼓励，提高班干部的工作情绪，同时提出存在的问题及改善措施，使干部能力得到提高。当然，在发挥调动学生主体作用的同时，必须做好“主导”与“主体”的有机结合，作为班主任绝不能袖手旁观，而要努力做好他们的参谋、后盾，当好他们的“导演”。真正形成推动所带班级工作的合力，产生班级工作前进的共振。

4. 规范班级目标、行为，建立竞争机制，调动学生的积极性

拟定集体与个人的远、近期目标。有目标才有动力。班主任要根据学校工作安排和本班实际情况，拟定全班与小组的远、近期目标，让每一个学生明确我们全班和小组正在努力奋斗的目标是什么，从而增强集体的凝聚力和动力。目标的制定不是目的，如何通过努力去实现目标，提高学生的素质才是目的。要让孩子能“跳一跳摘到苹果”，不能好高骛远，以免孩子丧失信心。

班主任应掀起激烈竞争活动，调动学生的积极性。从集体活动的表现、班级荣誉的争取等多个方面激发全班由整体到个人的竞争意识。在班内，实行“一帮一、一盯一”，人人都有一个竞争对手，每个学生自找一名水平相当的对手。竞争对手比学习、比清洁、比体育、比纪律等。每次比赛之后，给予一定的奖惩。通过竞争，班级中形成了一种互相监督、互相帮助、你追我赶的氛围，充分发挥了学生的主体作用，调动了学习的积极性。

5. 班主任要善于表扬，巧妙地批评，以典型做榜样

鼓励学生的好处充分体现在它能给学生奋发向上的动力，培养学生的自信心，小学生更喜欢得到老师的表扬和鼓励，这对他们不

仅是一种荣誉的享受，更能增强他们的勇气和力量，因此，班主任要善于表扬，要会表扬。

当然，“金无足赤，人无完人”。由于每个学生的家庭环境、社会环境、自身的心理品质和基础不同，学生个体差异大。有的勤学守纪，有的厌学淘气，作为教师，要正视学生的个体差异。对待“问题学生”要从关爱的心态出发，动之以情，晓之以理，用人格力量去感化他们，正确地运用表扬和巧妙地进行批评，给他们带来转变的巨大动力。

6. 认真做好家访、开好家长会和个别座谈

农村现状有几个特点：①很多学生的家长长年在外打工；②农村农活较多，学生的父母在家较忙；③因为学生成绩较差，不好意思与老师交流；④家长对学校的印象是，教师对学生的关心不够；⑤很多家长对学校的具体情况并不是很了解，在一些时候容易对学校和老师产生一定的误解等。

基于以上的原因，为了做好班主任工作，作为教师就没有任何理由不去家访了，因为家访可以为我们解决以下两个方面的问题：一是加深老师、学生和家长的感情，拉近学校和家庭的距离。其实很多学生的家长都是很欢迎老师家访的，并会觉得这是老师对自己学生的信任和关心，并且通过双方的沟通，能够使学生在校的情况很直接地让家长知道；学生在家的表现，老师也能更清楚，这就有利于学校家庭更好地教育学生健康的成长，并且基于农村目前的现状，家访也是保持学校家庭信息畅通的最好方式。二是通过对学生家庭教育的了解，可以更容易了解学生的心理发展特点。特别是那些性格迥异、古怪，或者倔犟的孩子，时常作出让老师特别头疼的事来，如果多做家访，作为班主任老师一定会找到解决问题的办法的。这样也让我们老师在处理问题时，少了很多的盲目性。

三、农村中小学班级常规管理的主要内容

班级常规管理涉及的内容多、范围广，可以说学生在校的所有表现及与学生身份相关的校外行为表现都在管理的范围内。但是，作为班级的主要管理人，在常规管理中也要心中有目标、有系统，抓主要、抓重点，切不可事无巨细地一概抓在手，或头痛医头、脚痛医脚。

总的来说，班级常规管理要以《中学生守则》和《中学生日常行为规范》为依据，结合班级学生的实际情况予以实施。

（一）思想常规管理

思想是人在实践中形成的观念、想法，它支配人的行为和感情。中小学是学生形成人生观、价值观的关键时期，因此，对他们的基本思想进行引导、教育、规范，是常规管理的内容。

1. 思想教育主要是世界观、人生观、价值观的教育，树立正确的世界观、人生观、价值观是中小学生在成长中必须形成的基本思想品德。在班级生活中，应该要求学生积极地学习科学知识，讲科学，追求科学，不讲迷信，反对迷信，远离邪教。

2. 结合实际进行思想教育。如，把“五爱”公德同爱家乡、爱集体、爱学校、爱父母、爱同学结合起来。要求学生树立民族自尊心、自豪感和为振兴中华而学习的理想，具体表现在行为上，就是要尊敬国旗，会唱国歌；关爱同学，向家庭贫困的同学“献爱心”；等等。

（二）纪律常规管理

纪律管理是班级常规管理工作中最经常、最重要的内容。纪律是集体中协调成员行为、使其步调一致、实现共同目标的行为规范系统。

实施班级纪律管理具体主要有如下几个方面：

1. 到校出勤的纪律，这是学校及其班级开展所有教育教学活动的前提条件，具体要求学生坚持到校学习，勇于克服困难，不迟到，不早退，更不无故缺课。

2. 课堂学习与自习的纪律，这是学校教和学的最重要的保证，具体要求学生上课集中注意力学习，不做与学习无关的事，不打扰他人，紧跟老师的教学思路，积极思考，用心领会。

3. 课间、两操及休息的纪律，要求学生迅速、安静、做操的动作到位，师生总结为"快、齐、静"。课间休息不大声喧哗。

4. 晨会，包括一周（或一月）一次的升旗仪式纪律。升旗仪式是进行爱国主义教育的重要集会，也是进行日常生活道德、理想情操教育的好时机，要求学生着装整齐，神情庄严，注意力集中，用心领会。

5. 班级卫生值日则要求学生人到心到，打扫工作认真负责，做到窗明几净，同时保持教室日常环境整齐洁净。

班级的纪律状况常常呈现波浪起伏状态，任何班级都会有纪律良好、精神振奋的高峰，也会出现纪律松懈、情绪懒散的低谷。形成这种状态的原因是多种多样的，有时因为学生学习身心疲劳了，有的因为外界诱惑，有的因为出现了意外的事情。因此，班级纪律管理就是动态的，任何班级纪律训练不可能一蹴而就，也不可能一劳永逸。班主任既要在一段时间内集中抓纪律教育训练，使班级纪律走上正轨；又要注意日常对纪律的规范和维护，使班级保持有序的纪律状态，使学生养成自觉遵守纪律的习惯。

（三）学习常规管理

学习的意义是十分重大的。它是学生来到学校承担的主要任务，是学生在校从事的最经常最大量的活动，更为重要的，它是学生成长为具有高素质的社会一员的主要训练途径。学生通过学习前人留下的认识和改造客观世界的经验，逐渐形成自己对世界的一般认识和把握，与此同时，个体经验也在学习中不断地积累和改造，结合所学的知识形成自己的富有个性的世界观、人生观、价值观。“学会学习”是学生的重大任务。而学校组织的学习是有目的、有计划、有系统进行的，学生在校学习以学习间接经验即书本知识为主，并且迄今仍以课堂学习的形式为主。这种高效的学习促进学生快速成长、全面发展。当然，这种学习也是艰苦的，它是一种社会责任，因此，学习需要承担责任，付出努力，甚至要牺牲一些个人短时间的快乐才能学成。

无疑，把班级学生的学习活动管理好是班主任肩负的主要的重大的任务，并且对学生学习的管理是应多层次、多维度的。针对学习的社会责任性而言，有对学习态度的引导；针对学习是个掌握的过程而言，有对学习过程的环节的管理；针对学习是一种高智力活动，有对学习方法的指导。

1. 学习态度的管理及教育

态度是个体在对某件事物产生认识和情感的基础上形成的倾向性特征，它是个体人格的重要的特征之一。由于学习是学生的主要任务，因此，具有端正的学习态度就是作为学生这个角色的关键品质。学生有了端正的学习态度，不仅热爱学习，会勤奋地学习，努力获得好的学习成绩，而且能迁移锻炼学生形成其他良好品德，如形成对工作认真负责、专注投入的良好社会性品质。积极的正确态度、品德一旦形成，对人的终生可能产生良好的深远影响。

班主任要重视加强对学生学习态度的管理，培养他们好学上进、认真负责、勤勉严谨的学习态度。对学生学习态度的管理，既要晓之以理，动之以情，示以榜样，让他们了解学习的意义和乐趣，由内向外地形成正确的态度。又要提出要求，进行学习纪律上必要的约束，如上课专心听讲，不搞小动作，按时高质量地完成作业，不敷衍塞责，如此由外向内地强化训练，形成正确的态度。

对班级学习态度的管理，不只是对一两个学生的教育，而是面向全班学生的工作。要教育全体学生具有正确的学习态度，就要在班级形成良好的学风。学习风气制约影响着每一个人的学习积极性，而每个学生的学习态度又影响到班级的学风。这是个相互影响，相互作用的关系。班级的学风重在建设。班主任可以领导全班同学建立必要的学习制度，规范学习行为；举行一些学习活动，提高同学们的学习兴趣和动机；加强对学习环节的指导与协调，使学习的每个环节都有高涨的热情。

2. 学习活动常规管理

学习常规的管理要分为不同时间阶段和场所进行，可分为课堂学习常规、课外学习常规、考试常规的管理。

（1）课堂学习常规

课堂是班级授课制中教学活动的主要组织形式，教师的教和学生的学都主要在课堂上进行，课堂是教学的中心。课堂学习常规主要包括三个方面的常规。第一，关于礼貌的常规。课堂上要表现对老师的尊敬及对老师劳动的尊重。第二，关于学习的一般要求。如，准备好学习用品，专心听讲，积极回答问题。第三，关于积极主动性和个性的激励。表现出“勇于”、“敢于”、“积极”等。这是高层次的要求，要求学生在遵守课堂纪律的范围内，表现个性，学习创新，体现纪律的实质，纪律和创新的辩证统一关系。

（2）课外学习常规

课外是指课表上安排的课堂学习以外和校外的时间与空间。课外有广阔的天地，是农村中小学生学习锻炼的好场所，尤其是实行双休制以后，属于课外的时间更多。由于对课外活动和学习学校没有具体的严格的纪律规定和管理，加上当前社会生活丰富多彩与复杂多变，再加之中小学生的好奇心强、辨别力弱，因此，班主任要加强对学生课外活动和学习指导的研究，总的来说，课内课外要以课内为中心，课内学习指导课外，课外活动的学习要丰富课内学习。对课外学习，总的有三方面的要求：第一，延伸完成课内的学习；第二，进行丰富的有益的课外活动和学习，锻炼、娱乐，参加社会实践，锻炼身体，增长智慧与经验，锻炼意志、情感、思想与道德，这是课内无法满足的极有价值的学习；第三，辨别、抵制不适宜中学生的社会生活，这需要提高中学生的辨别能力和抗拒诱惑的能力。

(3) 考试常规

考试是学校一个重要的教学环节。它的作用在检测教师教的质量，学生学习的质量，同时通过考试督促学生进一步巩固、系统化已经学过的知识。考试的常规管理要求分考试前、考试中和考试后。考前要指导学生积极地进行系统复习，以迎接考试。考试中要沉着应考，诚实考试，“考试不作弊”，是对学生最基本的行为要求，同时，也是对学生起码道德品质的检验。班主任要对学生进行考试诚信道德的教育，考试中要运用监督手段，杜绝舞弊。考试后，班主任则要领导学生分析考试中的成败得失，总结经验教训，以利于再学习。同时，要做好各类学生的思想工作，尤其是要关心那些在考试中失利的学生。

（四）活动交往常规管理

活动交往常规指学生在生活、学习活动中，或在与人交往过程中应有的行为方式与举止态度。班主任要依据国家教育行政部门颁布的《中小学生日常行为规范》和《中小学生守则》，对学生在校内外的基本行为举止给以训练、要求和规范，培养学生的文明行为举止，积极活动、勇于实践锻炼的性格和尊重他人、真诚友爱的品德以及辨别是非与道德选择定向的基本能力。

1. 日常行为常规训练

日常行为常规指学生在个人日常生活和学校学习生活中应有的

文明规范行为。文明而又规范的日常行为是一个人文明素质的基本反映。在班级，通过对学生的行为进行常规训练，力图使他们变得举止文明，参与学校活动的态度及行为表现积极主动。

2. 与人交往常规训练

交往常规是指中学生在与人交往时应具备的礼貌与行为规范。具备交往方面的礼貌与行为规则，是一个人做人的基本品德。

随着经济发展，农村中小学生活动交往的范围和对象还是相当广泛的，有校内、校外的；有文娱、体育、生活、生产、思想、道德的；有与老师、同学、家人、亲戚、邻里、朋友的；有现实的，也有虚拟的等等。班主任对学生活动交往范围的引导规范，总的来说，有两条原则：

一是避害，即有益性原则。学生中，无论进行什么活动和交往，一定“要有益于青少年身心健康成长”，对那些危害学生身体和心理的活动与交往要坚决制止。

二是多样性原则。学校组织的活动从内容到形式要丰富多彩，富于变化，以适应和满足青少年追求新鲜、多样、变化的心理要求。组织的活动既可以一个主题多种形式，也可以多个主题多种形式。

第一，要精心组织校园文化活动，有科技的、体育的、文艺的、文学的展示、表演、比赛活动；有爱国主义教育的、告别十四岁走近共青团的、少年军校、学雷锋等的德育活动等。多姿多彩的校园生活，使学校富有吸引力，使学生热爱学校、向往学校。

第二，要认真组织好学生的校外活动，如，夏令营活动、社区服务活动、生产实习活动、公益劳动、社会调查、勤工俭学活动等等。在组织校外活动的过程中，要真正从锻炼、教育学生出发，抓落实，抓实效，不搞形式主义。

（五）环境卫生常规管理

环境卫生的常规管理首先要从学生的个人卫生教育督促做起。要求他们“穿戴整洁，头发干净整齐，不烫发，不化妆，男生不留长发，女生不穿高跟鞋。”“养成良好的卫生习惯。不随地吐痰、乱扔废弃物。不吸烟，不喝酒。”然后进而爱护周围的公共卫生环境，要“认真值日，保持教室、校园整洁优美。”最后要把爱护环境的意识上升到保护生态环境：“爱惜庄稼、花草、树木。保护有益的动物和生态环境。”

四、农村中小学班级管理的方法和要求

方法是从事任何工作要注意的要素，方法是达成目的的工具。班级常规管理要取得理想的效果，就需要有好的方法和合理的要求。实施班级常规管理的有以下主要方法与要求。

（一）采用灵活多样的具体方法

1. 讲解法

对学生讲清常规的内涵及要求，让学生明了行为常规的做法与要求，以便他们有明确的行动方向。这是班主任最经常使用的方法。每天十分钟的晨会，老师可以有计划地提出一两条要求，并予以讲解，这样日积月累，能够形成学生的正确认识和感情，形成良好班风。但是，讲清不等于一味说教，讲解也有多种“说法”，并讲究场合、气氛和形式。江苏某一中学某班的学生曾对公共环境的保护不以为然。学校将教室墙壁粉刷一新，可是总有学生在墙上乱蹬，留下各色脚印。严禁不能奏效，惩罚效果也不明显，该班班主任在墙上贴了一张纸条，上书：小心墙壁弄脏你的鞋底。学生见后，大笑。此后，墙上不再有脚印。老师用说“反话”的方式，幽默地教育说服了学生。

2. 歌诀法

我国自古有用“三字经”形式教育少年儿童的文化传统。宋朝

出现的《三字经》既是少儿识字课本，也是进行礼仪常规教育的读物。1997年编写的《新三字经》主要是对青少年进行思想品德、行为常规、历史传统教育的材料。班主任可以组织学生一段一段地学习它，一点一点地去实践。如其中有敬长爱兄段："为人子，方少时，尊长辈，习礼仪。能温席，小黄香，爱父母，意深长。能让梨，小孔融，手足谊，记心中。"如果以适当方式教学生学习记诵，也能起到指导行为和铭记终身的效果。班主任老师可以根据本班教育重点，编一些歌诀歌谣，教育学生。

3. 活动训练法

"丰富多彩的教育活动和社会实践活动是中小学德育的重要载体。"（《国务院关于基础教育改革与发展的决定》）更是训练学生良好的日常行为、班级良好的日常状态的基本形式和途径，因为活动的操作性、交际性与人的行为直接相关。可以说，活动是人的行为的产物；行为在活动中展现。初中用于训练学生行为的活动方式很多，班主任可以根据教育的内容和目标需要，创造多种多样的活动形式及环境，实施训练。

（1）主题班、团（队）会。用主题班、团（队）会针对基本品德和重要行为进行专题讨论和演练体会，如《做有礼貌的中学生》、《当别人遇到困难时》、《孝敬父母，人之美德》、《什么样中学生的服饰最美》、《审判香烟》等。一个问题一个问题具体深入地研究，给学生留下的印象及其教益必定是深刻有效的。

（2）小型讨论会。就学生日常行为的某些表现，及时召开班级讨论会。讨论会要求内容单一、时间不长，让学生充分发表自己的看法和意见帮助他们及时明确应该或不应该有的行为和做法。

（3）模拟演习。主要是针对中小学生应该具备的某些具体行为或学生中存在的不足，进行单项的动作行为的演练学习。如，出操排队演习、上课师生行礼演习、与人交往打招呼演习等。

（4）实际训练。在实际教学和班级生活中，有计划地对学生进行行为、技能的训练。如，上课听课、做笔记训练，作业训练，做操训练，食堂就餐排队训练，教室卫生值日训练等。上海陆行中学曾组织全校学生来回步行 50 多里路，到浦东参观孙桥农业高科技开发区。这一活动，有多重目的，其中对锻炼学生的意志力、团结互助的精神是一个很好的机会。在校长陈时俊的亲自带领下，全校 600 余名学生无一掉队，胜利完成了这次远足参观学习活动。

4. 评比竞赛法

评比竞赛是中小学常用的教育、教学方法，在班级常规教育与管理中使用更有效，因为常规教育与管理是针对学生的日常行为进行的，直观、具体，可比性强。加上中小学生普遍有争强好胜的心理特点，因此，适当使用评比竞赛的方法是可行的。

在一段时间里，选择一项或几项行为作为竞赛的内容，给每项内容按等次赋一个分数值或记一个标识，然后累计学生在一段时间里的表现结果。当然，组织评比竞赛要适度，除了公正、公平以外，还要注意一些学生的特殊情况。评比竞赛意在调动学生的积极性，让学生投入到日常行为规范的训练和修养中去，但使用这种方法也只在激发热情和一段时间内的行动上有作用，真正要使教育要求内化为学生的需要和自觉行为，或者培养习惯，那还需要其他形式配合和进行长期、细致的训练。

（二）抓住管理、训练的几个关键期

之所以称常规管理的关键期，是因为在某些时间，学生的心理及行为容易产生新的动向苗头或出现波动，出现异常。班主任抓住这些时间对学生进行日常行为及其思想的教育和管理，把工作做到点子上，可以事半功倍。关键期一般有如下几个：

1. 新班组建期

组建新班是指学生开始新的学习开始时期。此时，学生来到一个新的班级，心中充满喜悦和憧憬。同时，学生来到新班，与老师、同学、学校都还不太熟悉，行为、思想都还比较拘谨，对老师的教诲和要求重视程度更高，更易接受。因此，抓住这个时间对学生进行个人的日常行为和班级日常规范的教育管理，提要求，定制度；抓出勤、抓纪律、抓卫生值日，都容易出成效，既便于使学生的学习生活尽快走上正轨，也有利于班级形成好的班纪、班风。

2. 开学初

学生离开学校，经过一个较长时间的假期生活，一般都盼望回到学校，与老师、同学一起过紧张、有序而又热闹的班级集体生活；同时，在假期中，学生经过家长等人的教育，或经历了一些有教益的事情，加上自己的思考，也一般都有一些新学期的新打算。班主任利用开学初的机会，向学生展示一些新计划，提出新要求，学生会倍感鼓舞，继而在班级抓紧进行规范教育工作，以改变以前班上的某些问题，创造班级新气象、新局面。

3. 期中和期末

学生经过半个或一个学期的紧张学习，容易出现疲劳、倦殆现象。此时，学生个人或班级纪律也容易变得松懈而出现违纪问题。如，上学迟到，课堂纪律不好，作业质量不高，卫生值日不认真，课间操有人缺席等；而期中、期末考试在即，学生的注意力集中到复习考试上，对卫生、纪律等规定也会放松。因此，班主任在此时要抓紧班级的日常管理教育工作，要更关心学生，切不可造成松弛印象。但许多事情的组织管理形式可以有所变化，如卫生值日可以临时组合班子，以适应复习考试的要求。

4. 大型活动期

按计划，学校每学期都会组织一些大型活动，如，春游、秋游，运动会、艺术节、庆祝会、社会调查实践等。这些活动丰富了学生生活，活跃了学校气氛，深受学生欢迎。但大型活动也改变了学校的教学常规，学生很兴奋，各班全力以赴地搞活动，常常忘记了学校的纪律要求，容易乱套。此时，班主任要加强组织、纪律、人员等方面的常规管理，以保证活动顺利进行；同时，借以培养学生在任何场合和环境都持之以恒地守纪、自律的好习惯。此外，也要根据活动的需要，灵活地实施管理，如把学习小组改为活动小组，在班委会下设立活动领导小组，管理活动期间的事务，通过这些方法，既做到常规管理，又发挥学生的自主性，锻炼他们的个性。

（三）让学生做班级常规管理的主人

1. 学生应做班级常规管理的主人

常规管理的对象是学生个人和班级里发生的日常行为，班级常规管理工作也就直接与每个学生相关。班主任是实行这项工作的主体，但班主任要认识到，学生也是班级常规管理活动的主体。因为他们既是管理对象——个人日常行为的主体，又是班级生活的主人。

人的行为的最大特点是受目的性、意识性的支配，一个比较成熟、有一定知识和理性的人都应该明白自己行为的目的和自己行为对周围人的作用，应该对自己的行为负责，正确地支配自己的行为。明确学生是在班级日常管理中的主体地位，就是要让他们成为自己行为的主人，自己教育自己，自己管理自己。但是，老师的教育、引导、督促仍是不可缺少的。根据实际情况，实施班级常规管理的重点，随着年级升高，要由以班主任管理为主，逐渐要过渡到以学生自己管理为主。

学生还是班级常规管理教育的目的和归宿。十分明确，班级常规管理的最终目的或归宿是学生，为了学生在校愉快地学习、幸福地生活、健康地成长，在基础教育阶段要着重对他们进行文明行为习惯的养成教育和管理训练。教育育人、管理育人，这是实现培养目标的主要手段。但在这个过程中，还要培养学生自己教育自己、自己管理自己的意识和能力。只有激发自我教育的教育，才是真正的教育。也只有使学生在日常行为方面具有了自我教育、自我管理的能力时，常规管理和教育才真正取得了成效。

2. 培养学生自我管理的能力

要在常规教育中培养学生自我教育、自我管理的意识和能力，让学生真正成为班级常规管理的主人。第一，要让学生掌握正确的日常行为的规范和标准，提高对基本行为准则的认知水平，明确自我锻炼发展的方向。第二，要引导学生学会将自己的言行举止与学生行为规则进行比较，寻找两者间的一致处和差异点，联系自我训练的方法，以不断激励自己进步。第三，在学生中树立文明行为的榜样。有优秀人物榜样、老师榜样、学生榜样、家长榜样。榜样是活生生的教科书。给学生树立榜样，就是让学生从榜样的身上看到文明行为的具体特点和内涵，学习他们自我修养锻炼的方法。第四，在一定的时候，让学生自己制定班级规则或纪律。如某班同学在班主任的带领下，经过集体思考、讨论、推敲，制定了本班的“五个一”的《广播操要求》，即：一支曲集合，一个人不缺，一条线站好，一句话不说，一节节做好。来自大家的规定，必然有最佳的管理效果。

（四）养成学生自动化遵守常规的习惯

1. 养成文明行为习惯的意义

习惯是由点滴行为积累而成的，也是个体将学习获得的认识内化为自我需求而又自觉实践的结果。习惯也就是高度自动化了的行为。习惯一旦形成，就形成了一种动力定型，不需要外力督促，在任何条件、任何环境下，主体都会自觉不自觉地按一定的模式去做。一个人，只有养成了文明行为习惯，才能说形成了文明行为素养，才奠定了一个现代文明人的基础。

先培养学生良好的行为，然后再训练使其自动化——变成习惯，这是班级日常行为管理的理想目标。全国优秀班主任魏书生在辽宁盘锦中学任校长、党总支书记和班主任时，校务、校外活动繁忙，一年几乎有三分之一的时间都在外地开会、作报告，但他所带的班仍然井井有条，一切都在按老师在班上时一样做。这就是形成自动化常规管理的理想结果。

2. 养成自动化遵守常规习惯的一般要求

要养成学生自动化遵守常规的习惯，第一，要对学生提出的日常行为规范要求贯彻到底。只要要求合理，就要求学生做到，不要随心所欲地朝令夕改；小事要求一丝不苟，大事规范有序，只要持之以恒，天长日久，必有收获。第二，由认识到实践，由实践到认识的多次、反复强化，使已形成的好的行为得到巩固，形成习惯。

附 4：农村中小学班级管理案例

魏书生的班级管理

魏书生担任辽宁盘锦实验中学校长与书记兼任两个班的班主任，承担两个班的语文教学，一年平均外出开会达 4 个月之久，却从不请人代上一节语文课，他学期之初即进行期末考试，一学期教材他用 30 多课时就讲完了；他不批作业，不改作文，但他的学生的升学成绩却能比重点中学平均高 7.8 分……面对这一切，人们不禁要问：魏书生究竟依靠什么获得了教学的成功？

在我们认真研究了魏书生一系列教学经验后，我们不难发现这样一个事实，那就是：高效率的班级管理，是魏书生教学成功的一个不容忽视的重要因素。我们甚至可以这样说，魏书生的教学离不开管理，没有他成功的班级管理就没有他今天的教学奇迹，那么魏书生是怎样进行管理并以此服务于教学的呢？我们又能从中得到一些什么有益的启示呢？本文拟对魏书生班级管理中体现出来的管理思想作些探讨，以与各位同行商榷，并以此求教于各位大方之家。

（一）“以人为本”的管理思想和“以法治班”的管理思想

关于管理，魏书生说他一靠民主，二靠科学。的确，魏书生在管理中采用的“民主”管理的策略和以“法”管理的方法是他班级管理中最鲜明的特征之一，也是他管理思想中最具价值的认识之一，其实质是现代管理思想中的“人本”观念和“法制”思想。

魏书生借鉴吸收了企业管理中先进的管理思想，并把它结合运用到了班级管理实践中去，从而为班级管理开辟出一条崭新的思路，并且获得了管理的成功。“民主”管理提高了学生对管理活动的认识，最大限度地调动了学生参与管理的积极性、解决了学生服从管理，投入管理的问题，以“以法治班使班级管理形成制度化，走向了自动化；二者结合，不仅没有损伤被管理者的积极性，还在一定程度上极大地解放了学生的个性与创造性，使班级管理沿教师设计的预定轨道运转，达到了理想的管理效果。”

魏书生的做法使我们进一步坚定了以下认识：

1. 虽然班级管理的对象是学生，然而我们不能把学生当做没有思想，没有情感的被动的受管理者，而应该把他们当做有思想、有意识、有情感的主动发展的个体。成功管理的前提是尊重他们的意愿，尊重他们的人格，把他们当做实实在在的“人”，而不是驯服物。

2. 班级是学校教育教学工作的基层组织，从一定程度上说班主任作为班级工作的组织者、领导者，是班级管理工作的灵魂，但班主任不能只做学生活动的监护人与严厉的执法者。作为教师，他首先要了解学生，尊重学生，相信学生。

3. 从表面上看，教师与学生，一方是管理者，一方是被管理者，双方地位是对立的。然而另一方面，共同的教育目标（即学生的学习目标）决定了师生在管理过程中合作的可能性大大超过了他们之间的排斥与对立，学生完全可以成为管理活动的主人，前提是要给予他们充分的信任并采取高明的教学策略。

4. 传统班级管理的弊端在于管理的无规章或制度不明，所以班级管理或随机应付，或有始无终，学生常常无所适从，我们说，没有制度谈不到管理，但制度体现了学校教育的意志，表现为对学生行为的一种约束，它在执行中必须考虑到学生对制度的接受程度，应该看到，只有学生愿意接受且愿意服从的制度才会发挥良好的管理效益，而那些教师规定必须服从的“法则”，则往往会受到不同程度的抵触甚至反抗。

（二）自我管理思想

让学生进行自我管理，是“人本”思想的发展，它并非魏书生的创造，然而魏书生管理本身最鲜明地体现了这一思想，其教学策略之高明，教学手段之巧妙令人称道。首先，他非常注意提高学生对管理活动的认识。曾经有学生问他：“您还能做我们的班主任吗?”魏书生说：“为什么不能?”学生说：“我们看您太累了!”“那我就请副班主任来管嘛!”学生问：“副班主任在哪?”魏书生说：“就在每位同学的脑子里!”谈话中，魏书生除巧妙地向学生传达了对学生的信任外，还向学生传递了这样一个信息，这就是：管理对整个教学活动来说是必要的，但管理不是老师来约束学生，而是学生在学习活动中的自我约束。通过引导学生对管理的认识，使学生自觉意识到管理的必要性，特别是自我管理的必要性，在客观效果上，减少了学生对管理的抵触以至对抗的情绪，大大减少了由人际关系不和谐产生的内耗，这无疑极大地提高了教育管理的实效。其次，魏书生创造性地创设了多种自我教育形式，如：写“说明文”，写“心理病历”等，大力倡导学生自我约束和自我管理，帮助他们在心里筑起第一道防线，以尽量把问题消灭在萌芽状态；再次，他大大强化了规划、决策过程中的民主参与，通过引导学生制定班规班法，既使学生的意志与愿望通过合理渠道得到了满足，又密切了师生关系，同时由于学生有为自己的目标负责的倾向，所以它容易使学生对自己的行为产生自我约束，真可谓“一举数得”；最后，大胆转化了管理机制，为班级重新建立起以学生自我管理为主的新机制。其新颖之处表现在四个方面：

1. 全员参与，相互制衡。在魏书生的班中，人人都是管理者，人人又都是被管理者，管理因时而动，权力彼此制约，而教师则处在一个驾驭、服务的位置上。如此管理，教师如何不轻松？

2. 照章办事，责任明确。“人人有事做，事事有人做”，且凡事皆有章可循。

3. 管理教学，相互结合，管理的目的是服务于教学中，魏书生的班级管理中就包含有大量的教学因素，比如让学生写“说明”，目的是让学生进行自我教育，但他同时训练了学生的书面表达能力。办《班级日报》沟通了同学间的联系，但不也是一个让学生全面受教育的过程吗？另外，除课堂教学，魏书生还把大量的课外教学活动（包括德、智、体等科纳入了班级管理的轨道，如定期定人检查作业批改作文，课前一支歌等，加强了教学与管理间的联系，推动了教学管理与班级管理的整体自动化。

4. 善始善终，持之以恒。凡事不做则已，一做必做到底，既显示了制度执行的一贯性，又锻炼了学生的意志力。

（三）系统管理思想

魏书生是个具有哲学头脑的人，他十分善于从哲学的角度来思考教育问题，他认为，管理从空间上说是人与事（学习活动等）相互协调的系统（如他提出“人人有事做，事事有人做”即证），而从时间上说则是一个从决策到执行再到反馈的系统运作的过程，为此，他花费了大量的心血来构建他庞大的管理工程，在推进管理自动化方面作了有益的尝试，且取得了成功的经验。

1. 管理目标系统

学校管理工作目标从属于育人目标，所以说全面发展的管理目标是促进学生各方面素质提高的前提与保证。魏书生的管理目标系统地反映在他们制定的“班规班法”中，涉及的范围很广，有思想教育、有学习检查、有纪律监督、有多种体育锻炼、卫生保健，内容涵盖了学生德、智、体、美、劳及学生在校生活的各个方面。这样的管理目标可以防止管理偏离全面育人的轨道，促进了学生在德、智、体、美各方面得到健康协调的发展。

2. 建立管理组织系统

管理组织，是管理工作的基本保证。作为班长各抒己见，进行民主表决，在此基础上上任，魏书生当然直接参与指导管理活动，但魏书生班级管理的主体是学生。他设立了值周班长（自报，轮值两周），值日班长（按学号轮值）；这些同学与常务班长，团支书，班委会成员一起，各有不同的职责共同地负责班级各种事务的处理。对班级一些具体的用品及各项专门事务，魏书生还发动每一个学生进行承包，这样形成了由班主任、班级干部、学生组成的三级管理网络，人人参与管理，同时便于人人接受管理。

3. 管理过程三系统

管理实效来自管理过程，为强化管理过程，魏书生带领学生建立了三个系统：一是计划立法系统，它包括一日常规、一周常规、一月常规、每学期常规等；二是建立检查监督系统，形成自检、互检、班干部检查、班集体检查、班主任抽检五级监测体系；三是建立信息反馈系统，对执行过程进行信息反馈，以便调整上述三个系统，通过加强对管理过程三个基本环节的管理，从时间上制度上对每项活动的开展作了安排，它保证了班级的一切活动都能按时、按量、高质量地完成。

4. 建立管理渠道与方法系统

在具体实施中，从教师这方面说，魏书生首先注意到了教学管理与班级管理的协调，通过完善两条渠道，提高了管理的实效，在管理的方式方法上，魏书生除注意直接参与管理外，他始终把管理的重点放在启发学生进行自我管理、引导学生相互管理上。

另外，管理中他特别注意班集体的班风建设，并采取了多种措施增强学生的向心力和凝聚力，这些为学生的发展进步提供了一个良好的外部环境。值得一提的是魏书生在管理中还体现出高度的质量观念与效益意识，如上面提到的将教学管理与班级管理合而为一即为一例。他管理注意整体规划、分层管理、内外协调、有序运转，从管理内容的优选到管理过程完善健全以至到具体时间的统筹安排和运用（比如他提倡“高效”学习，提倡控制“三闲”）。

第六章 农村中小学德育建设

学校的德育建设是学校工作的基础工程，是一项塑造人的奠基工程。德育应放在素质教育的首位。在德育过程中发展学生的主体性，加强学校德育管理工作。

一、德育建设的基本要求

1. 抓好日常行为规范，扎实做好常规工作

德育的常规工作繁多，农村学校要根据实际情况认真细致地做好。每周一进行集中教育，结合形势和学生实际；开好德育工作研究会，安排班主任进行工作经验交流、教育故事交流、理论研究学习等；每月召开一次年级德育工作会，研究和讨论学生中存在的问题，提出针对性措施；每学期都要进行学生情况调查，了解学生的思想动态和学校的教育情况；安排和指导值周教师工作，及时处理偶发事件；做好每学期学生的总结评比工作，制定、完善、实施各项教育制度，实施常规管理和行为规范训练；抓好班主任队伍建设；等等。

2. 关注学生道德建设，精心开展各种活动

农村中小学要因地制宜，积极组织各项文体活动，这样可以加大学生的参与面，在活动中使更多的学生充分展示自己的才能，并培养其组织能力、竞争合作意识、团队精神等，有效地促进学生思想道德素质和其他素质的提高，同时活跃校园文化。

3. 加强校园文化建设

农村学校要重视校园文化建设，健全课外文体兴趣活动，围绕学校中心工作开展系列活动：利用广播、黑板报、宣传橱窗等报道

校内新生事物、好人好事；参加农村的生产实践；组织读书活动；进行农村社区社会调查，了解风土人情、乡土文化；举办科技兴趣活动；召开学校运动会，展开各类体育比赛等，从而丰富学生的校园文化生活。

4. 抓好学生的心理健康教育

农村学校主要应发挥班主任心理辅导的作用，全体教师特别是班主任要深入到学生中去，了解学生需求，做学生的良师益友，努力排除学生的心理障碍，使学生能以良好的心理状态全身心地投入到学习中去。

二、德育建设的基本方法

（一）指导思想

以创建“中小学行为规范示范校”为载体，以民族精神教育、理想信念教育为重点，切实加强珍惜生命教育、心理健康教育和法制教育，营造良好育人氛围，努力构建“和谐德育”。

（二）工作目标及方法

德育工作是全面推进实施素质教育的重要组成部分，也是摆在每一位教育工作者面前的一项重要任务。农村中小学的德育工作重点应抓好以下几方面：

1. 加强德育队伍建设，营造全员育人氛围

(1) 加强校园德育环境建设

一是要加强德育工作领导。以分管校长、政教处、少先队以及年级组为德育工作领导核心，保障德育工作领导作用。二是要花大力气建设好一支强有力的班主任队伍和全员抓德育的思想工作队伍，要求人人都是德育教育者，做到随时、随地、随人、随事地对学生进行教育。坚持说教与身教相结合的教育思想，坚持教学育人、服务育人、管理育人三位一体。

（2）加强对班主任工作的管理和指导

本学期将加强对班主任工作的培训力度，着力打造一批品行好、能力强，工作踏实、乐于奉献的班主任队伍。要健全和完善班主任岗位职责、工作条例、班主任工作考核评估激励机制，坚持从形式和内容两方面公正、客观地衡量班主任工作，鼓励班主任主动认真地开展工作；把班主任工作的实绩作为晋升、评优的重要依据；要开好班主任例会，每学期开展一次班级管理经验交流会，推出一批优秀班主任。要通过这些活动的开展达到相互学习的目的，并从理论层次上提升班主任素养，促使他们科学管理班集体。

（3）提升教职工德育理念

加强学习，提高每个教师的德育素质。组织教师认真学习邓小平理论，学习《教育法》、《教师法》、《中小学教师职业道德规范》、《未成年人保护法》、《预防未成年人犯罪法》等教育法规，增强遵纪守法、依法施教的自觉性，提高教师科学育人的水平；牢固树立“教书育人，服务育人，管理育人”的思想；加强职业道德自律，规范教学行为，增强爱生意识，关心学生品行健康发展，认识并掌握教育规律；坚持耐心教育与严格管理相结合，使教师具有高尚的职业道德和良好的师表风范，全面关心、爱护学生，杜绝体罚和变相体罚，拿起表扬、赞美的武器，构建平等、民主和谐的师生关系。

（4）推进德育课程改革，提高学科德育功能

深化以思想品德课为核心的德育教科研，开展学科德育渗透教育活动，充分发挥各学科自身的特点，做到传授科学文化知识与加强学生思想修养相统一，灵活随机地对学生进行思想教育，引导学生树立崇尚科学、追求真理的科学态度，提高他们识别真善美的能力，使之形成理想与信念，进而转化为发愤学习、积极向上的内在动力。要抓好各级德育规划课题的结题工作，力争在课题研究上出成果。

(5) 抓好“三个结合”教育，促进学生发展

重视家庭、社会与学校教育的配合。想方设法办好家长学校，并成立家长委员会，定期召开会议，多渠道、多形式开展校外德育教育基地活动，进一步形成德育教育的合力。

要定期召开好家长会，班主任要做好家访工作，对部分学生建立家校联系卡，沟通学生在校和家庭情况，提出学生在家、在校的学习常规要求，使孩子在家长指导下，加快常规养成；要定期做好学生的家访工作，和家长一道做好学生深入细致的思想工作，严禁出现学生逃学、厌学、进网吧等不正当现象；要充分发挥“家校路路通”的作用，通过各种途径加强与家长的沟通；要通过社会实践活动，组织学生参加校外教育活动，了解家乡变化，感受祖国的腾飞；要继续深入探讨社区教育，利用一切社区资源对学生进行全方位的素质教育；通过教子有方经验交流、给家长的一封信、课堂教学开放周等形式对家庭教育的内容和方式方法进行指导、引导。

2. 常规教育

(1) 德育工作

第一，抓好行为规范教育，培养学生公民意识。学校应要求各班利用班队课组织学生认真学习贯彻《学生守则》、《学生日常行为规范》、《中小学生礼仪规范》以及校纪校规；落实学生一日常规，并做到及时检测反馈，经常检查学生的文明用语、卫生值日、课堂纪律、日常活动等行为习惯，发现问题及时批评教育；要通过具体的强化训练，充分发挥学生的主体作用，让学生自主组织活动、管理评价，逐步使学生从“要我这样做”转变为“我应该这样做”，使良好的行为习惯内化为自觉的行动；要重视良好学习习惯的养成教育，注重提高他们的文明素质，让学生终身受益。

第二，抓好学校的各项常规，创建优良校风。以政教处、教导处、少先队以及任课教师管理为一体，使常规管理达到精细化；进

一步强化学生升国旗、卫生、纪律、两操、自行车排放、校门口值勤等常规方面的自觉意识；抓好文明礼仪教育，努力提高学生的文明素养，使全体学生养成良好的行为习惯，自觉遵守学校的各项规章制度等等，从而形成良好的校风。

第三，抓好"班队"德育主阵地，上足上好每一节班队课。要求班主任老师根据本班级的具体情况，认真设计班队活动内容，设计好教案，多讲身边人、身边事；主题队会每学期至少三至四次，并列入班主任工作考核项目；德育处要严格检查班队教案，期末进行总结评比。

第四，加强班级文化建设，营造良好的班级氛围，树立班级形象，争创班级特色，开展争创"文明班级"活动。

第五，以活动为载体，开展丰富多彩的德育教育活动，配合学校的德育系列活动，做好学生的德育养成教育。

第六，抓好德育宣传阵地建设，注意发挥课堂教学的主渠道作用，重点抓好课堂德育效果的检查，同时，利用学校宣传画廊等多种形式进行德育教育宣传，表扬宣传学生中道德楷模的先进事迹，弘扬正气，对学生进行人生观、价值观、文明习惯、遵纪守法等方面的教育。

第七，加强后进生的教育与转化。后进生转化工作要做到有计划，有措施，勤总结，重在落实，强化考核。要求教师耐心细致地做好后进生的思想教育工作，做到不讲过头话，不扣大帽子，少批评、多鼓励，少指责、多帮助，严格控制学生掉队。

第八，法制教育紧抓不放，重点做好教育防范工作。充分利用法制教育报告会、思想品德课、班会课、主题队会、国旗下讲话等进行普法教育，增强法律意识和法制观念，还可组织模拟法庭或实地旁听法庭庭审，加强对学生的法制教育，使学生知法、懂法、守法，学会用法律武器保护自己的合法权益，努力杜绝在校学生违法犯罪事件的发生。

第九，探索尝试心理健康教育，形成健全人格。心理健康教育是新形势下必须重视的重要内容，农村学校要开展好学生的心理健康教育、青春期教育，做好学生心理的疏导。教师要积极创设良好的课堂氛围和保证学生心理健康发展的人文环境，有条件的地方要设立心理健康教育咨询室，充分发挥其作用，保证心理健康教育活动的正常化、规范化，促进学生身心全面和谐健康的发展。

（2）体育工作

学校体育工作是保证学生身心健康的重要环节。农村中小学要认真贯彻《学校体育工作条例》，有目的、按质量、按课程上好每一堂体育课，保证学生每天体育活动时间；做好学校体育器材并做好各种体育器材的登记、保管和使用管理工作，购买欠缺的体育器材；坚持传统项目的训练，特别是抓好广播操、队列操日常训练；认真落实“两课两操”，保证学生每日一小时体育活动时间。

（3）卫生工作

农村中小学要加强学校卫生工作监管力度，坚持定期或不定期的学校卫生检查，针对发现的问题和安全隐患，及时督促学校整改，杜绝学校食品安全事故，防范学校群体性传染疾病的发生；推进《学生体质健康标准》实施，通过开展培训及检查指导，促进学校体育工作改革，提高广大青少年学校体质健康水平；抓好健康教育，加强健康教育师资培训督促，学校按规定落实常见病及传染病防治教育、人口教育、青春期性教育及心理健康教育等课程的开设；要坚持眼保健操制度，教育好学生用眼卫生，降低学生近视率。

（4）艺术工作

要以培养学生综合素质为目标，加强对学生的艺体学科考核；以培养学生个性特长为目的，做好艺体特长生的培养工作，做好各类艺体竞赛的组织工作，充分发挥学生艺体特长和竞技水平；扎实地学习和贯彻新课程标准，更新教育观念，积极探索艺术课堂教学改革，凸显学生的主体地位，优化教法与学法的设计，努力提高课堂教学的效益；组织艺术教师参加艺术课观摩研讨活动，认真学习，积极探索实践，取长补短，不断提高业务能力和教学水平。

（5）国防教育和交通安全工作

加强国防教育，开设好国防教育课，保证课时，教学质量；利用多种教学手段，包括邀请交警部门举办讲座，积极开展交通安全知识普及活动；建设校园内部和学校周边的交通安全设施，保障交通安全；强化学生安全意识，规范学生交通安全行为。

三、重视养成教育

素质教育的重要内容就是要教导学生“学会做人、学会求知、学会劳动、学会生活、学会健体和学会审美”。学生的各项素质以及一切技能都是一种习惯，而凡是习惯都是通过反复的实践养成的。养成教育应该是学校政教工作乃至整个学校教育的一个重要组成部分。

（一）养成教育的概念界定

原中宣部常务副部长，中国家庭文化研究会会长徐惟诚说，“人的全面成长过程中，良好行为习惯的养成必须渗透到各种教育中去，否则就不可能很好地完成教孩子怎样做人的任务，所以，养成教育应当是每一位教师、每一位家长都应掌握的教育艺术。”

养成教育就是以健康人格为目标，培养学生良好行为习惯的教育。它往往从行为训练入手，综合多种教育方法，全面提高学生的知、情、意、行，最终形成良好的行为习惯。养成教育既包括正确行为的指导也包括良好习惯的训练，及包括语言习惯、思维习惯的培养。养成教育的内容是十分广泛的，如培养文明礼貌习惯、学习习惯、卫生习惯、语言习惯、思维习惯等等。

养成教育，是培养学生养成良好行为习惯的手段，习惯是养成教育的产物。它往往起源于看似不经意的小事，却蕴涵了足以改变人类命运的巨大能量。好习惯常常让人受益终生，坏习惯往往使人深陷泥潭。要抓好养成教育，应当从培养孩子的良好习惯入手。

（二）养成教育的重大意义

著名心理学家威廉·詹姆士曾经指出：“播下一个行动，收获一种习惯；播下一种习惯，收获一种性格；播下一种性格，收获一种命运。”可见，养成教育对于学生的终身发展具有重大意义：

1. 有助于学生培养良好的行为习惯，完善人格

完美的人格是建立在良好的行为习惯基础上的。教育学生“勿以善小而不为，勿以恶小而为之”，从青少年学生的特点出发，加强对学生的正面引导教育，以健康向上的思想教育学生，以正确的舆论引导学生，以规范的言行举止塑造学生，以先进模范的事迹鼓舞学生，培养学生良好的习惯，从而塑造学生正确的人生观、价值观、成人意识，使学生学会怎样做人，做什么样的人。

2. 有助于培养学生良好的人际交往能力和社会适应能力

每个人都在一定的社会关系中从事各种活动，在人际交往中都直接地反映出一个人的修养和素质。由于在人际交往中部分学生常常表现为比较任性，我行我素，不顾他人的感受，自私褊狭，难于与人交往，难于适应集体生活。因此，在养成教育中，教会学生有礼貌地交往，在交往和相处时要学会包容和关爱他人，培养学生乐于合作、热心参与、善于应变的品质，就是教会学生合作。未来的世界是一个合作的世界，只有一个群体，优势互补、互相配合才会有所成就，通过养成教育教会学生跟他人交往、不自私、不互相排斥，要互相学习，取长补短，将来才能建立一个轻松和谐的人际关系，这是走向成功的一半。

3. 有助于培养学生自主、良好的学习习惯

教育学家陶行知说：“生活、工作、学习倘使都能自动，则教育

之收效定能事半功倍。所以我们特别注意自动力的培养，使它关注于生活工作学习之中。自动是自觉的行动，而不是自发的行动。自觉的行动，需要适当的培养后可以实现。”要提高学生的基本素质，一方面要配合严格的纪律约束进行思想政治教育，另一方面要进行学习习惯引导和学习方法引导，营造学习氛围和环境来调动学生的学习热情和积极性，使学生养成自主学习习惯，提高学生的学习能力。

4. 有助于培养学生健康科学的生活习惯

学校通过建立健全学生行为规范和文明守则等制度，将学生日常行为作出细致具体的时间和质量要求，对做得较好的同学及时给予表扬和奖励，对做得较差的同学要及时引导，予以纠正。逐步将学生的日常行为纳入科学化、制度化、规范化管理上来。通过持之以恒的日常行为养成训练，潜移默化地养成文明、卫生、健康、科学的生活习惯，使学生受益终身。

（三）养成教育的具体方法

中小学教育实际上应该是良好习惯养成教育加上初步的智力培养，这是中小学生德、智、体、美、劳得以全面发展的具体体现。养成教育应该坚持的原则是：学校家庭互动，遵循成长规律，启发阶段觉悟，引导主动发展。养成教育的操作要求是：低起点，严要求，小步子，快节奏，多活动，求变化，快反馈，勤矫正。

农村中小学对养成教育的培养内容，重点在于培养学生的学习习惯：专心致志地听课，做完作业要检查，口头作业不忽视；除此而外，还要注意其他方面好习惯的培养：生活上，作息有规律，生活能自理，有困难要求助；爱护公物，也珍惜自己的物品；讲卫生，爱劳动；讲文明，懂礼貌等等。具体来说：

1. 课内重视学习习惯的培养教育。小至上课的一个坐势，大至学习某类固定课型的学习方法，我们都要求贯穿于每一堂课的教学之中。上课时，如果有学生开小差，任课老师会有意识地采取适当方法予以引导；有同学做小动作，老师会边讲课边下意识地走到该同学身边，直至专心听讲。学生听课过程当中，我们最注重培养的是学生专心听课的习惯。专心与否，我们用举手率来衡量。一堂课下来，根据学生举手次数多少来判断其上课听讲专心的程度。有了指标，学生自然就有了积极性。有了积极性，上课专心听讲的习惯就不难培养了。

2. 重视培养学生作业清楚认真的习惯。对错题和不清楚的作业要求重做这当然是首当其冲的措施，也是对每位学生的普遍要求。对一些脑子灵，因好动，做作业只图速度，不求质量，常常出现这样或那样“低级”错误的同学，老师各显神通，针对不同对象采取不同措施，以求得最佳效益；对于一些聪明且小节也比较注意的优生，我们非常重视其自学能力、善于动脑筋、善于提问题习惯的培养，以至达到人尽其力的目的。

例如：某校四年级班主任江老师针对一位屡教不改的“粗心大王”，私下为他制订了一个称“马大哈”的计划，意思是一次作业粗心了，给自己记一个“马大哈”，看看一天能得多少个“马大哈”。哪天他细心检查得了 100 分，就在班上予以表扬。这样，大约过了一个月，这位同学养成了作业做完后细心检查的习惯，“马大哈”的个数逐渐少了甚至消失，100 分的次数越来越多，成绩一下跃居前茅。

3. 课外注重行为习惯的养成教育。常言道：“无以规矩，不成方圆。”举止不文明、不规范即属于没有规矩。培养学生的行为文明规范的行为，主渠道在课外；主方法多示范、多指导、多开展活动。

例如，某学校实施《重视良好习惯养成教育，促进学生素质全面提高》计划，提倡教师课间或其他课外时间少坐办公室，多指导和参与学生活动。在活动过程当中，一旦发现学生有不规范或不文明的行为，老师先是予以指出，接着示范，而后帮助其学生改正，不放过一个不文明举止，不放过一句不文明的话。经过一段时间的努力，学生基本养成不随地乱扔垃圾纸屑、不讲粗话脏话的好习惯，偶尔有同学犯了，学生之间也学会了互相监督、相互帮助，学生文明了，校园环境美化了。

4. 争取家长配合学校，共同做好其良好习惯养成的监督、督促工作。中小学生自觉性、持续性较差，良好行为的养成，必须争取家长的配合。要通过各种途径，加强与家长的联系和沟通，共同做好监督、督促工作，使学生能够保持良好的行为习惯，同时也能提高农村社区的文明程度。

5. 制定相应制度，建立激励机制。农村中小学要从抓学风、校风等方面入手，建立健全养成教育的相关管理制度和奖惩制度，加大对于学生和教师日常行为的检查、奖惩力度，树立榜样，以点带面，促进学生良好行为习惯的养成。

6. 培养学生自觉养成良好行为习惯的意识和科学的思维模式。学校要通过开展知识抢答赛、智力竞赛、小制作、小发明等活动训练其智能，培养学生动手动脑的能力，发展学生思维能力和创造能力；成立多种形式的学习和兴趣小组，培养学生的兴趣、爱好、动机、意志、情感、信念；鼓励学生自尊、自重、自爱、自信，培养其自我意识；等等。

养成教育是对学生进行思想道德品质和行为习惯的一种综合教育，是一种点滴入微的教育，需要做的工作大量而具体，只有使学生在长期的潜移默化中养成良好习惯，进而才能形成良好的行为方式和思维模式，提升学生的综合素质。

附 5：农村中小学养成教育案例

油坊岭小学学生养成教育方案

为了进一步提高学生素质，落实《小学生守则》和《小学生行为规范》，根据学生的心理发展规律，结合当前我校学生的实际情况，使我校养成教育再上新台阶，培养学生良好的行为习惯，少先队大队部特提出以下方案：

一、成立养成教育领导小组，负责监督、指导、落实该项工作

组长：×××

副组长：×××

成员：各班班主任及班干部

二、具体实施方法与措施：

1.“一班一生一份”制；各班张贴《小学生守则》，《小学生行为规范》并以卡片形式发给学生，让学生熟记。

2.“一月一会制”，少先队大队部定期召开班主任会或班干部会，制定阶段目标，布置工作，总结经验。

3.“一天一读”制：利用广播操时间，每天中午老师教读（或学生齐读）《小学生守则》、《小学生行为规范》，充分利用班会、广播、黑板报等宣传工具，大力发扬优良的风尚及风貌，表彰好人好事。

4.“一天一报”制：每班给底分 100 分，由值周教师填报，如发现（说脏话、打架、不讲文明、礼貌等）一人扣一分，直到扣完为止。

5.“值周教师”制：每天值班教师如实记录，各班学生排路队情况及纪律状况。

6.“学生监督岗”制：组织学生干部课间值班，记录违纪学生及其所在班级。

三、表彰奖励：

1. 每月公布总分为前三名的班级。

2. 每学期对总分为前三名的班主任给予一定的物质奖励。

四、本年度重点解决的问题：

1. 教师思想素质

“爱”是一切工作的源泉，树立教师的爱心、耐心、恒心，继续开展思想解放大讨论，不断剖析自我，认识自我，超越自我；加强教师道德修养，定期写工作体会，交流思想，不断加强集体主义教育，增强团队精神及合作意识。

2. 多渠道开展心理健康教育，抓好学生的养成教育

注重学生身心健康发展，针对学生思想实际，积极开展心理健康教育，还需要我们耐心地、细致地从一点一滴做起，并持之以恒地坚持，容不得丝毫敷衍与片刻懈怠。

3. 丰富多彩的特色活动

通过重大节日开展丰富多彩的活动及社会实践活动，抓好“小小红领巾”、“我爱国旗”、“好习惯、早养成、益终身”等项开展系列活动，学校结合科学纪念日，如：“植树节、环境日、禁毒日、节水日”等开展科普主题活动，将科普教育的科学性、思想性、实践性和兴趣性紧密结合起来。

在今后的工作中，我们要引导广大的学生学伟人、学英雄、学十佳，树立做新世纪合格接班人的好思想，全面推进素质教育，抓好养成教育工作，为培养适应21世纪的现代化建设需要的社会主义新人作贡献。

油坊岭小学少先队大队部

2007年9月12日

第七章　农村中小学总务后勤管理

学校后勤工作相对于教学工作被认为是“二线”工作，其实，学校后勤也是学校工作的重要组成部分，没有良好的后勤保障，教学工作就没有物质基础，要想获得良好的教学效果是不可能的。不仅如此，学校后勤工作还涉及广大师生的切身利益。所以，加强学校的后勤管理也非常重要。

一、农村中小学后勤管理的内容和方法

（一）农村中小学后勤管理的内容

农村中小学后勤管理的内容主要包括校园环境管理、校产管理、财务管理、生活管理等。

1. 校舍的管理

校舍，即学校各种用房。校舍的管理，包括校舍的新建、扩建、修缮和合理使用等。新建校舍，要特别注意合理布局，教学区、生活区、体育活动区、附属单位区，要自成体系，尽可能不要混杂，防止干扰教学和休息；校舍的修建，要符合教学和卫生学的要求，有利于师生的工作、学习和生活；为节约土地，校舍应建楼房，农村中小学以建二层或三层外廊楼为宜；教学楼的楼梯必须宽大结实，以免学生拥挤或发生事故。

农村中小学的各种用房，大致可分为以下几种：①教学用房。这主要指教室，是校舍的主体部分。教室有普通教室和特殊教室两种：普通教室即学生平时上课的教室；特殊教室指音乐教室、电化教室和各种实验室。普通教室和特殊教室应保持一定的距离，以免互相干扰。教室是学生的主要学习场所，光线要好，以保护学生视

力；通风要好，以保持室内空气新鲜；每个教室要有两个门，以免出入拥挤。②办公用房。它包括办公室、教研室、会议室、大礼堂等。办公室不宜邻近教研室，以免影响教师备课。大礼堂不要靠近教室、教研室和办公室，以免干扰上课和办公。③辅助用房。指图书室（馆）、阅览室、仪器室等。图书室（馆）与阅览室应在一起，宜设在全校适中的地点；仪器室与实验室应在一起，房屋要比较坚固结实；图书室（馆）、阅览室、仪器室，均应有消防设施。④生活用房。指学生宿舍、教师宿舍、厨房、食堂及厕所等。宿舍、厨房和食堂应远离教学区；教师宿舍和学生宿舍也应适当分开；公共厕所离其他用房应稍远一点；各种用房要注意合理使用，提高使用率；要妥善养护，及时维修；危房应停止使用。

2. 教育设备的管理

农村中小学教育设备主要有以下几种：

（1）教室的设备。教室内的设备主要有课桌椅、黑板、电灯、讲台等。课桌椅的大小高低，高年级与低年级应有区别，要适合学生的身材，否则会影响学生身体的正常发育；黑板也有多种，应从学校的经济条件考虑购置，不论采用什么样的黑板，最重要的是不反光，否则不仅看不清板书内容，而且伤害学生视力；还应购置辅助性的轻便小黑板，供教师使用，以节约课堂书写的时间；教室内的照明度，直接影响学生视力，以安装日光灯为主，并注意安装的位置；教室的设备要登记造册，开学时由总务处清点后交给班主任，学期结束时由班主任按册移交给总务处。

（2）实验室的设备。实验室是学生学习自然科学的重要物质条件，中学应创造条件，分别设置物理、化学、生物等实验室，小学设自然实验室；实验室邻近处设仪器室和实验药品室；实验室要有教师的实验演示桌和学生用的实验桌，要安装电源、自来水管和水池；购回的仪器设备和实验药品要验收、登记造册，分专柜保管；

实验室的设备由实验员负责保管，规模小的学校未设实验员，由任课教师负责。

（3）图书室（馆）的设备。图书室（馆）包括藏书室（书库）和阅览室。室内应配有书柜、书架、报架、桌椅等；要建立选购、登记、借阅、保管和赔偿制度，图书买回后，必须登记、分类、编码、造册；图书分量很重，如藏书室设在楼上，应经常检查房屋是否坚固；图书管理员要对图书做好防虫、防潮、防火工作。

（4）体育卫生的设备。学校要有比较充足的体育设备，才能保证上好体育课和开展群众性体育活动。体育设备必须符合国家体育教学大纲的规定；体育器材要特别注意安全，如单双杠要牢固，沙坑要保持松软，跑道无碎石、瓦砾和玻璃片；体育设备要有专人保管，购回的设备要及时登记、造册，损耗的体育器材要登记注销；体育场地和体育设施，要经常检查、维修，防止发生体育事故；卫生室的医药购置，使用和保管，由校医按行业规定负责管理。

3. 生活的管理

生活管理主要包括教职工的生活和学生的生活管理。其内容主要是管好环境卫生，做好疾病防治以及防火、防水、防盗、防毒等工作。农村中小学还必须抓好安全保卫和综合治理工作，为广大师生创造良好的生活环境。如果规模较大的学校有教工食堂和学生食堂，学校一定要加强管理，确保师生饮食安全和获得高质量的服务。另外，还应该尽可能地帮助生活困难的教职工和学生，努力创建和谐校园。

（二）农村中小学后勤管理的原则和方法

中小学后勤管理必须本着为教学服务、为师生生活服务和勤俭办学的宗旨，具体应从以下四个方面人手：

1. 制订切实可行的工作计划

首先要制订好切实可行的工作计划。科学合理的工作计划是完成工作的有力保障，特别是后勤常规工作计划一定要先明确。后勤常规工作计划制订后，不仅要让本部门内的工作人员知晓，而且要让兄弟单位和有关部门熟知，以便于获得相关部门的支持与配合。在后勤工作计划中，要体现出一切为教学服务的思想，要有全局意识和系统观念，使各项工作有章有序地进行。

2. 明确工作人员职责范围

在规模比较大的中小学，后勤往往是一套班子，这样就要为每个员工制定好自己的职责范围，让他们各自明白自己的任务。

首先，后勤主任是校长的助手，应该在后勤工作方面主动为校长分担工作，让校长有更为充分的精力和时间来抓好学校的中心工作。后勤主任的工作职责是：为教学工作创立良好的工作环境和条件；管好学校师生员工的生活福利；管好学校的校产和财务工作；领导后勤的日常工作。

其次，后勤主任根据自己的主要职责制定出自己的工作细则，并要求自己的下属都对照各自的职责范围来面对自己的工作岗位进行描述，制定出各自工作的细则，并主动对照执行，真正做到分工明确，任务到人。

3. 建立后勤管理的规章制度

后勤工作涉及钱财和物品，必须制定相应的规章制度，做到有章可循，按章办事，才能堵住漏洞，防止发生职责不分、人浮于事以及贪污和浪费现象。如建立学校财务制度、采购制度、物品管理制度、门岗制度以及相应的奖惩制度等。

4. 抓好阶段性和突击性工作

学校后勤工作也是有规律可循的，在某一阶段可能会以某一项或某几项工作为中心，需要集中精力加以解决，如开学前各种教学和生活设施必须到位，寒暑假中小学校校舍必须进行检修等。有时还有一些未列入计划的临时性或突击性的工作，如迎接上级检查，以及学校里发生的突发事件的处理等。这都是学校后勤工作的特点，管理者必须要有“临危不乱”的应对措施。

二、农村中小学财务管理

财务无小事，有效的财务管理不仅直接关系到农村中小学教育资源的合理配置和有效利用，还关系到学校领导和财务管理者的廉洁从政的大事。尤其是农村中小学的财务管理，近年来越发成为社会普遍关心的热点问题。

（一）中小学财务管理常规

中小学校的财务管理主要是做好两大方面的工作。一是编制预算和决算，二是建立和健全财务管理制度。

1. 编制预算和决算

为了有计划地、合理地使用资金，校长要领导总务处编制好经费的预算和决算。

（1）预算

预算包括学校经费的收入和支出两大部分。学校经费的收入，主要来自上级教育行政部门的拨款，有的学校有校办工厂和师生勤工俭学的收入；预算的支出部分，主要有工资、教工福利费、学生助学金和奖学金、设备购置费、业务费、办公费、水电费等。

编制预算时，要统筹兼顾，保证重点。所谓重点，就是教育、教学工作的需要，当然还要兼顾其他工作的需要；要精打细算，防止积压和浪费；要留有余地，以便解决意想不到的新问题。

预算的编制工作由总务主任负责，会计具体拟定。初稿编成后，交校长审阅，由校长提交行政会议或校务委员会审议，然后呈报上级教育行政机关审批。如需临时增加经费，则另作专题预算上报。预算编定之后要认真执行，不得随意变动。校长、总务主任要经常了解经费开支情况，做到合理使用。如发现经费有余或不足，要及时调剂。

（2）决算

决算即学校预算执行的年终总结，也是最后检查学校财务工作是否真正做到了为教学服务和为师生生活服务。决算的目的在于总结学校会计年度预算总收支的平衡情况，在于了解各项经费的收支比例关系以及它们之间在总支出中的比重，要通过数字核算找出开支规律，以便更好地制定下一年度的预算。

编制决算，以每月每季的会计账簿的记载和有关会计报表资料为基础，由会计人员负责。编成后经总务主任、校长审阅，交行政会议或校务委员会审议，然后由校长签署上报。

学校的预算、决算，是分析研究学校财务工作规律的重要资料，会计人员应整理存档，妥善保管。

2. 建立和健全财务管理制度

为堵塞漏洞，杜绝贪污现象，防止经济犯罪，必须建立和健全财务管理制度。学校领导人和财务人员要以身作则，严格遵守财经制度和财经纪律。主要应注意以下几点：①会计和出纳要有明确的分工，会计管账不管钱，出纳管钱不管账。②会计和出纳人员对经费的交纳、支付、报销，都应按规定严格审查、复核。③用款人办理领款报销手续要有正式凭据。④要及时清查来往款项，严格防止制度不严、手续不清、用款混乱等现象。⑤学校的财经收支情况应定期向全体教工报告，做到经济公开、经济民主。⑥凡与师生生活有关的重大财务变动情况，如职工福利、学生奖学金的调整等，要及时向师生公布，主动接受群众监督。

（二）农村中小学财务管理中的问题及原因分析

1. 农村中小学财务管理中的问题

综观目前农村中小学状况，财务管理混乱现象仍比较突出，主要表现在以下几方面：

（1）乱收费现象时有发生

近年来，农村中小学乱收费现象已有根本好转，但个别地方还时有发生：一是超标准收费，主要是在学杂费、实验费、电教费、资料费、班费和代办费等方面超标加码；二是巧立名目收费，如毕业年级的照相费、考试费，起始年级的档案费等；三是重复收费，主要表现在学期开始已收缴了的费用，在学期结束或中途时，又再次收取该项费用；四是搭车收费，如某些学生未在学校搭膳住宿，也被学校收缴了搭膳费或住宿费等。

（2）乱支现象严重

农村中小学的经费虽然紧张，但支出的无计划性和无预算性，使得支出过滥过乱。一是吃喝招待费过多。近年来，取消村级行政招待费的制度，在许多地区广泛推行，但农村中小学的招待费有增多趋势。乡镇干部下村检查往往在中小学定点就餐，村组干部开会也常常到学校吃喝，但他们很少交纳或足额交纳伙食费，学校也常常利用请吃请喝与地方拉关系。二是盲目购物。特别表现在各中小学普遍存在乱购乱订复习资料、参考资料和教具等，尤其是近年来有关中小学为了应付上级主管部门名目繁多的“验收”，耗费大量资金购买了不少一时难以使用的设备和设施等。三是存在盲目学习和考察的现象。部分学校领导借学习之名到外地考察，实为个人旅游，这类的开支也相当惊人。

（3）票据管理混乱

主要表现在三个方面：一是没有使用合法收据。许多中小学收费不但没有开具财务部门统一印制的“行政事业性收费收据”，而且开具的收款收据手续不全，除了收款人签章外（有的只写一个“姓”），没有任何其他签字和印章，连学校的公章都不盖。二是收费干脆不开票据。许多中小学除开学初的收费外，中途的其他收费，不管合理不合理，一概不开票。三是支出票据“白条多”。这种现象还比较普遍，往往是会计写个条子，校长签个“报”字就入账。“白条”票据偷漏税的方面暂不论，其消费的真伪性也是难以让外人辨别的，如许多学校将招待费变通为“修建费”等。

(4) 教育经费被侵占现象严重

一是义务教育公用经费被大量调用。按国家政策规定，中小学的公用经费主要是用于改善办学和学校办公条件，而现在许多农村乡镇政府在财政吃紧的情况下，不顾政策规定，大量调用中小学的学杂费用于发放党政事业单位的职工工资，甚至有些学校的代办费都被调用一空。学校处于“无米下锅”的状态，不得不出“乱收费”之下策。二是各种摊派伸手学校。什么治安费、环卫费、赞助费等应有尽有。三是政府拨款不能按时到位，出现变相地侵占教育经费。

(5) 赤字现象严重

收支不平衡，财务赤字已成了农村中小学的通病，这也是出现乱收费现象的重要根源之一。特别是在制止乱收费的社会氛围中，在赤字的压力下，许多中小学又不得不靠拿贷款过日子，从而形成恶性循环。所以，政府部门要加大对义务教育阶段的投入，确保农村中小学财务的良性运作。

2. 农村中小学财务管理问题的原因分析

产生农村中小学财务管理问题的原因很多，归纳起来分析，共性的原因至少有以下八个方面。

(1) 地区经济发展水平的制约

一个地区中小学财务管理客观上受这个地区生产力状况和经济发展水平的制约。农村经济发展水平的低下，尤其是地方政府对中小学教育投入总数的不足，是造成中小学财务管理混乱的一个最基本的原因。政府该给的钱不给或没法给，逼着许多中小学违反政策“自谋生路”。相反，因政府困难，不该调用的钱调用了，不该摊派的摊派了（比如订报纸），这些都加剧了农村中小学经费的困难和管理上的混乱。可以肯定，经济越困难的地区，中小学教育越难办，中小学的财务管理越不规范。

（2）地方政府及教育主管部门不重视

近年来，许多乡镇政府对中小学的财务管理，往往是注重了投入和支出，疏忽了使用过程的管理。乡镇教育主管部门，也往往重视了各中小学的教育教学管理和人事管理，而淡忘了对财务的管理，有的对有关中小学财务管理中暴露出来的问题睁只眼闭只眼，甚至包庇问题，阻碍查处。县级教育主管部门又受“分级办学，分级管理”体制的制约，一般也极少过问乡管中小学的财务。许多中小学财务管理中问题的发生，还直接与有关领导及部门有关，比如“专款不专用”，招待费开支居高不下等问题。

（3）学校领导班子和教师队伍的不稳定

教师的职业对一个教师来讲是很稳定的，一个大中专毕业生一旦跨进农村教师的行列，那么他（她）要改行从政或从事其他事业单位的工作往往比较困难。但农村教师的工作位置最不稳定，几乎所有乡镇每年暑假都要进行较大规模的学校领导班子和教师队伍的调整。队伍的不稳定和思想观念上的不稳定，是造成学校财务管理混乱的一个重要原因，许多校长和教师对前任财务管理中的问题和漏洞“概不负责”，而在自己短暂的任期内，对经费的收支有恃无恐，更谈不上责任。

（4）教职员工的法纪观念淡薄和师德建设滞后

应该说，教职员工的法纪观念淡薄和师德建设滞后是造成中小学财务管理混乱的非常重要的内因。目前绝大多数农村中小学教师对教育经费收支的政策与法规知晓极少，对会计制度更是很少了解，因此，不仅自己花钱、收钱不规范，而且也缺少对学校财务的民主监督。更有一些教职员工师德观念淡薄，目光总是盯住资金福利，不比贡献攀收入，逼着校长乱花钱。

（5）有关规章制度不健全

因为绝大多数乡镇没有统一制定规章制度，许多中小学校也不主动制定关于财务管理的规章制度，尤其预算制度、结算制度、会审制度、民主理财制度等规章制度是应有全无。所以，无“法”可依使许多农村中小学在财务管理上是无拘无束，职、权、利、责和风险的关系非常模糊。

（6）财会人员专业素质较低

绝大多数农村中小学尤其是小学的财会人员几乎全是学科教师兼职，不仅不懂《会计法》、《审计法》等财会法规，对《中小学校财务制度》知之甚少，而且对财务账目业务知识也是糊里糊涂。至于编制预算、提出财务报告和作出财务分析，更是不可能的事。而且这些农村中小学的财会人员基本无人具有“收费许可证”等必须有的证件。

财会人员应是学校的管家，但“财会盲”型的“管家”是无论如何担当不起这个责任的，“不会管”必然造成财务管理的“不规范”。

（7）审计工作不及时

及时审计和督查是预防和解决中小学财务管理混乱的重要手段。但目前农村各乡镇教育主管部门的财会人员极少，很难及时把好审计这一关；而乡镇财政所、经管站和审计办又将主要精力集中于村级财务和乡村两级的企业财务管理，无心过问中小学的财务审计，许多中小学的财务多年没有被审计过，以致混乱的问题成堆，直到“无法挽回”的地步才被引起重视。

（8）其他社会因素的干扰

各中小学所处的村组，对中小学财务也往往有一定的影响。多年来，有些村组干部和村民一直将学校视为“肥肉”，经常“榨油”。另外，农村中小学生源的减少，中小学校布局的不合理等，也往往影响着学校财务管理的规范化。

（三）农村中小学财务管理问题的对策思考

解决目前农村中小学一系列财务混乱的问题，应成为各级地方政府关心教育和教育主管部门管理教育的当务之急。解决农村中小学财务管理混乱问题至少可以从以下几方面入手：

1. 领导必须重视

强化农村中小学财务管理的前提是地方党政领导尤其是教育主管部门领导必须高度重视。

首先是要强化对农村中小学财务管理重要性的认识。认识到强化财务管理是加强中小学管理的重要工作，是政府行为的重要职责，是提高教育投入的效益、保证地方教育等社会事业持续发展的有效保证。现在有些乡镇的党政领导抓经济建设和法制建设的力度很大，对教育的投入也比较重视，但往往只管拨付经费，不管经费的使用过程，这种状况必须改变。

其次是要落实乡镇政府的财政所、审计办、教育主管部门以及乡镇分管教育的领导和各职能部门领导在农村中小学财务管理的过程中的责任，尤其要进一步明确有关部门和领导监督的责任。

再次是要定期通报农村中小学财务管理的状况，及时处理违规的人和事，尤其是对管理混乱、问题很多的学校，一定要尽快审计，动真碰硬地解决问题。

另外，还要保证各农村中小学领导班子和教师队伍的相对稳定。没有特殊情况，中小学教师在第一所学校工作的时间必须有一定的周期。要从强化教学过程管理着眼去提高教学质量，坚决制止频繁调动教师和任免学校领导的恶性循环，尤其是要坚决禁止某些领导为牟取私利，而故意调整学校领导班子的不正常现象。

2. 加强教育培训

广大教职员工和财会人员素质的提高，是强化农村中小学财务管理的基础。

一是要加强对广大教职员工和财会人员的政治理论教育，不断提高其政治素质。

二是要加强法纪教育，不断增强守法意识。尤其是要加强《会计法》、《审计法》、《中小学校财务制度》以及预算内、外资金管理规定的教育，使广大教职员工尤其是中小学校长和财会人员在收钱和用钱问题上进一步慎重。

三是要强化师德师风教育，不断弘扬敬业精神和增强奉献意识。尤其是要通过教育，制止拜金主义、享乐主义和“唯利是图”思想对广大教职员工的侵蚀，坚决不做违反财务管理规定的事。

四是要强化农村中小学财会人员业务知识的专项培训，不断提高财务管理的业务素质。尤其是要加强预算、结算、票据管理、报表、审计、财务报告和建账知识的培训，逐步使学校财务管理规范化。

3. 健全规章制度

防止和解决农村中小学财务管理混乱的问题，重要的保证是建立健全有关财务管理的制度。从目前状况来看，必须建立和健全的制度与规章有：预算制度、资金管理制度、固定资产管理制度、票据审批及管理制度、结算及转账制度、专款专用制度、收支两条线制度、收费许可证制度、财务公开制度、审计制度、民主理财制度等。当然建立和完善这些制度最好遵循“由粗到细”的原则，必须结合本地和本校实际，体现可操作性和实用性。

4. 坚持有效监督

仅仅有整套的财务管理制度，不一定就能解决目前农村中小学财务管理中的混乱问题，关键是坚持有效的监督，以防有关规章制度变成“空文”。一是要坚持领导监督，二是要坚持群众监督，三是要坚持社会监督，从而形成全方位监督网络。特别是要强化学校内部的民主理财，强化学生家长、村组干部对学校的监督和教职员工对财会人员的监督。地方政府和教育主管部门要及时通报监督结果，并建立相应的奖惩措施。

5. 改善管理体制

农村中小学一般规模小、数量多、分布广，解决财务管理混乱的状况受许多客观因素的制约，所以改革农村中小学财务管理体制很有必要。国家财政部和原国家教委制定的从 1997 年 1 月 1 日起施行的《中小学校财务管理制度》中明确规定："不具备条件或不需要单独设置财务机构的中小学校，实行'集中管理，分校核算'的体制。即在一定区域内，设置中心财务机构，统一管理区域内中小学校的财务活动，学校只设报账员，在校长领导下，管理学校的财务活动，统一向中心财务机构报账。""具体实行何种体制，由地方根据当地实际情况确定。"

参照"村财乡管"的经验，农村中小学的财务也可实行乡镇教育办与财政所"双代管"。分户建账、资金统筹，各中小学设报账员，定期到乡镇教育办、财政所报账；乡镇设"双代管"专职会计，负责定期建账；各中小学月初提出支出预算报乡镇教育办批准，月底凭预算报告和手续完备的正规票据到乡镇报账；实行财务定期会审和民主理财，实行全乡镇中小学财务统一代管，可以规范收入，规范支出，规范票据审批手续，规范建账，更有利于领导的宏观调控。

总之，农村中小学财务管理体制有待进一步优化。

第八章　农村中小学安全管理

农村中小学生的生命安全和健康成长，涉及亿万家庭的幸福和正常教育、教学活动的开展、实施。保障他们的安全，是家庭和教育工作的首要职责，也是全社会的共同责任，是构建社会主义和谐社会的重要基础，责任重于泰山。

教育部首次发布的2006年全国中小学安全形势分析报告显示：逾七成校园安全事故发生在农村。据统计，2006年全国各地上报的各类中小学校园安全事故中，27.68％发生在城市，72.32％发生在农村。农村中小学的安全事故发生数、死亡人数和受伤人数都明显高于城市，分别是城市的2.9倍、3.9倍和4.2倍。报告指出，农村中小学安全事故发生的主要原因是办学条件差、基础设施不完备，另外，师生安全意识淡薄、学校安全管理存在明显漏洞也是导致事故发生的重要原因。

为此，报告提出要重点加强农村地区中小学安全工作，加大农村教育投入，积极改善农村中小学办学条件，尤其要加强农村地区中小学食堂、饮用水、宿舍和厕所等基础设施的建设。进一步加强督导检查力度，尤其要重点检查学校（特别是寄宿制学校）校舍与设施的安全，学校周边环境的治理，以及加强对师生的安全教育，建立安全管理责任制和应急机制的情况，及时消除安全隐患。

一、农村中小学安全管理概述

《中华人民共和国义务教育法》规定：“学校应当建立、健全安全制度和应急机制，对学生进行安全教育，加强管理，及时消除隐患，预防发生事故。”

近年来，农村中小学校安全是各级教育行政部门和学校始终加强和关注的重要问题。各级各类教育行政部门针对学校安全的形势和实际，加强和完善了一系列安全管理办法和措施，取得了明显的成效。但学校安全形势依然不容乐观，安全隐患远没有彻底根除。从客观上看，部分学校校舍陈旧，设计不合理，通道过窄、过陡，消防设施不足，水、电、气设备老化，危房呈动态变化，部分学校周边交通，食品安全，网络影像伤害，校园意外伤害，教师素质伤害，校园制度伤害，心理健康安全都存在隐患；校园周边社会治安形势还存在不少问题。从主观上看，一些教育管理者、学校教师安全意识还不强，依法治教和强化管理的水平还不高；学生安全知识缺乏，自我防范意识淡薄，自我保护能力弱；部分青少年心理健康问题较突出。所有这些隐患和问题，我们都应该深刻思考，认真分析，积极研究应对措施，确保校园平安。

（一）农村中小学安全管理的重要意义

1. 对农村中小学学生进行安全管理，是贯彻党的教育方针的需要

党中央、国务院历来十分重视中小学生的安全问题。近年来，教育部相继颁布了十多项有关学校安全工作政策、规定。1996 年 3 月，国家教委、劳动部、公安部、交通部、铁道部、国家体委、卫生部七部委联合发出通知：规定每年三月份的最后一个星期一为“安全教育日”，加强对中小学生的安全教育。2002 年 8 月 22 日，教育部颁布了《学生伤害事故处理办法》，对学生在校期间（包括学校组织的校外活动）所发生的人身伤害事故的预防与处理作出了具体规范。2007 年教育部颁布了《中小学公共安全教育指导纲要》。这些政策法规必将有力地促进学校提高自身的责任观念和预防意识，促进学校、教育行政部门加强对学生人身安全的教育和保护，促进家长和社会各界对中小学生安全给予重视，并负相应的责任，从而为

中小学生的安全提供良好的法制环境、外部条件和保障机制。

2. 对农村中小学学生进行安全管理是顺利完成农村义务教育和实施素质教育的保证

农村中小学的教学目标是为农村经济的发展、新农村建设培养合格的人才，为高一级学校输送优秀人才。过去我们单纯地追求升学，忽视了安全教育，忽视了绝大部分不能升学的孩子，以致他们进入社会给社会治安造成了极大的危害，今天我们众多的农村教师已形成共识，要全面地教育好每个学生，让那些将来留在农村的孩子学会做人、学会知识本领，做对社会有用的人，这其中必须得有安全教育作保证。

3. 对农村中小学学生进行安全管理，是依法治国、依法治校的需要

随着我国法制建设的不断完善，农村中学校园治安和学生安全问题得到了党和国家的高度重视，在校学生的安全教育与管理工作已纳入了社会主义法治轨道。国家先后出台了《中华人民共和国未成年人保护法》、《中华人民共和国义务教育法》、《中华人民共和国预防未成年人犯罪法》、《关于做好学校治安综合治理工作的几点意见》、《关于进一步加强学校治安综合治理工作的意见》、《学生伤害事故处理办法》等法规，既明确了学校在学生安全教育和管理中的职责，也规定了学生在安全教育与管理中应该享受的权利和必须履行的义务，要使学生熟知法规，并将其变为自觉的行动，深入开展不间断的安全教育是必然途径。

4. 对农村中学学生进行安全教育，是保证校园安全、改善校园安全状况的需要

近几年，社会治安形势逐步好转，恶性案件和事故不断上升的势头得到了遏制。但是社会治安形势仍然十分严峻，各种违法犯罪现象仍然呈上升的趋势。在这一大环境的影响下，一些不法分子，

抓住农村中小学学生思想单纯、防范意识差等特点，穿梭于中学校园，严重扰乱了校园治安秩序，良好的学习环境被破坏，师生没有了安全感，同时，在校高年级学生准犯罪的现象也是呈现上升趋势，学生中的小偷小摸、打架斗殴等违法违纪现象时有发生。另外，近年来由于生活节奏加快，社会环境复杂，家庭环境和个人环境矛盾重重等诸多原因，产生心理障碍和心理疾患的学生日益增多，学生自杀和出走，对他人人身安全造成危害的事件时有发生。这些触目惊心的事实告诉我们，校园不是真空，不是世外桃源，我们要在全面加强防范工作的同时，切实加强对学生的安全教育，提高学生的免疫力，增强安全防范意识，更重要的是通过安全教育，增强学生的主人翁意识，树立安全第一、维护校园安全人人有责的思想，共同努力改善校园的安全状况，把校园建设成安全、舒适、优美的家园。

（二）农村中小学安全管理的指导思想

1. 坚持人本思想，强化安全意识

（1）以人为本，强化安全教育

校园安全以人为本，首先从宣传教育做起。“隐患险于明火，防范胜于救灾，安全工作责任重于泰山。”关注人本，确立安全意识是校园安全的前提与保障。要定期组织“安全”专题宣传栏、广播、墙报，让学生投稿、编撰，在活动中培育他们的安全意识。开讲座、播专题影片等学生感兴趣的活动，传授各种自救措施，如：火中自救、触电救护、饮食中毒抢救，特别是遇到犯罪行为如何处理以及消防知识等，提高师生安全防范意识和自护自救能力；推行“安全教育周”，举办丰富多彩的安全主题活动；举行消防、安全知识竞赛以及安全主题的作文竞赛；组织教师为校园安全工作进言献策，并对有价值、有创意的建议予以奖励；组织学生为校园安全拟警示语。校园安全事关千家万户，努力会聚全校师生的智慧与力量，以人为本、群策群力，消除各种安全隐患，打造平安校园。

此外，校园安全以人为本，注重校园安全的制度化，以制度促安全习惯的养成。把以人为本抓安全的理念施诸于学校生活的每一时段，贯穿于校园的每一个角落。

（2）树立安全意识，一切从零开始

安全工作重在防范，学校管理者和全体教职工都必须牢固树立“安全第一，预防为主”的意识，自觉地将安全工作纳入自己的工作岗位的重要内容，在日常工作中不能心存侥幸和麻痹，过去工作再辉煌也不能代表现在和今后不发生事故。许多安全事故的发生往往是偶然因素和必然因素的结合，所以树立安全防范意识必须从“零”开始——从每天开始，从我做，“小题大做”，随时提高警惕，在思想深处筑牢安全的防线，做好一切可能的防范准备。

（3）强化安全教育，必须从小开始

对学生的安全教育应从以人为本的理念出发，从幼儿园开始，加强“珍爱生命”的教育，不断深化和拓展，让学生从小强化安全意识、知晓安全知识、培养生存能力和自救能力。从小开始的教育往往会使人受益一生，这方面国外的一些经验值得借鉴。如交通安全教育，丹麦和瑞典都是孩子两岁多就开始进行，这两个国家的交通相当发达，但交通事故发生率却很低，这不能不说是得益于两国从幼儿就开始的教育。安全教育是素质教育的一项十分重要的内容，是珍爱生命的教育，可以提高国民的整体素质，安全教育从小抓起，是经济社会不断发展的必然要求，也是社会文明的重要标志。

2. 科学管理，坚持预防为主

（1）由上至下，抓好安全管理

农村中小学领导和学校的干部职工，从上而下都要充分认识到做好学校安全工作是我们教育工作者对国家、对社会、对人民、对中小学生应尽的基本责任和义务，要充分认识安全工作的艰巨性和长期性，时刻把安全工作放在日常工作的首位，在抓好教育教学工作的同时，切实抓好学校安全工作，从人力物力上为安全工作提供保障和支持，真正实践“推动发展是第一要务，确保安全是第一责任”的理念。

（2）注重细节，安全落到实处

仅有领导的重视和树立起了防范意识对于我们学校的安全管理工作还远远不够，更重要的是要将安全责任落实到具体的细节工作中。这个“细”，一是指“小”，安全工作需要抓好细枝末节，“莫以恶小而为之”，因为“千里之堤，毁于蚁穴”，我们必须防微杜渐，避免小隐患酿成大祸害。二是指安全工作要具体、细致落实，安全日常管理工作必须从组织机构、制度机制、设备购置、隐患整治、日常管理等环节入手，切实做好每一个环节的细节工作，避免管理脱节和失控。

（3）从严管理，严格检查督促

学校安全管理工作的一个很重要的环节就是检查督促。安全工作的检查督促方式应坚持明察与暗访相结合，抽查与普查相结合，平时检查与集中检查相结合，常规检查与专业检查相结合。上级部门对学校安全工作的检查督促必须高标准、严要求，不能有丝毫的“水分”。学校师生员工发现安全隐患应及时报告，相关部门和学校对查出或发现的隐患要引起高度重视，及时采取措施进行整改，把隐患消灭在萌芽状态。

总之，农村中小学安全管理必须坚持有长远的规划，无论是上级领导还是班主任，都要具有前瞻性和科学的预见性，从机制、制度上消除安全隐患，从而构筑起校园安全的坚固堡垒。

（三）农村中小学安全管理的基本原则

中小学安全管理要遵循学生身心发展规律，把握学生认知特点，注重实践性、实用性和实效性。

具体要求：坚持专门课程与在其他学科教学中的渗透相结合；课堂教育与实践活动相结合；知识教育与强化管理、培养习惯相结合；学校教育与家庭、社会教育相结合；国家统一要求与地方结合实际积极探索相结合；自救自护与力所能及地帮助他人相结合，坚持由浅入深、循序渐进、不断强化、养成习惯。

二、农村中小学安全教育的目标、内容和途径

学校安全教育，应从实际出发，根据教师和学生的不同特点和身心发展规律，有重点分层次地确定安全教育的目标和内容，利用学校教育阵地，定期开展多种形式的教育、培训工作。

（一）对学生的教育

1. 教育目标

主要是让孩子初步树立“安全第一”的意识，知道在校内、外的活动中可能发生的常见事故，掌握在危险情况下的避险方法，初步具备分辨安全与危险的能力。

2. 教育内容

（1）以人为本，“安全第一”的意识教育。

（2）交通安全教育。遵守交通规则，识别交通信号、标志，初步掌握安全乘车、乘船、乘机的知识，知道交通事故报警电话其他报警方式。

（3）消防安全教育。了解火灾类型和起火原因的简单知识，养成不玩火、不抽烟、不随便燃放烟花爆竹，不带火种进山林等良好习惯，知道火灾报警方式。初步掌握轻微火情的扑灭办法和在公共场所、山林火灾中逃生的自救常识。

（4）食品卫生教育。不吃腐烂食品，不随便买零食，懂得简单的食物中毒预防知识，知道医疗急救电话。

（5）简单的体育运动安全知识教育。

（6）防地震及其他自然灾害的安全教育。

（7）知道和处置常见动植物伤害的简单知识。

（8）饮水卫生知识。

（9）预防常见病和传染病的基本知识。

（10）纪律教育。要公众或集体场合，听从老师指挥，不乱走、不乱跑、不拥挤打闹。

（二）对班主任及其他教职员工的培训

1. 教育目标

教育他们关心爱护学生，认真履行保护学生安全的职责，落实学校安全管理制度，使他们牢固树立“安全第一”的思想和依法治“安”的法制观念，熟悉并自觉遵守涉及安全的法规、规定，熟练掌握各类活动对学生进行安全教育的方法，具备准确分析安全与危险的判断能力，在紧急状况下组织学生逃生避险的应急能力。

2. 教育内容

（1）责任意识教育。校长是安全工作第一责任人，班主任是主要责任人，其他教职员工是相关责任人。

（2）法治意识教育。

（3）交通安全教育。组织学生安全乘坐交通工具，不在交通危险地区搞活动，在交通事故中迅速组织学生自救。

（4）消防安全教育。掌握各种防火知识并能有效告知学生，了解不同公共场所的消防设施，在火灾中迅速组织学生逃生避险。

（5）食品卫生和防疫教育。分辨常见传染病并了解其预防办法，掌握简单的农药及其他化学品中毒抢救方法。

（6）保护学生在劳动、体育、竞赛、军训时人身安全的知识教育。

（7）组织学生在地震及其他自然灾害时迅速地逃生避险，实行自救自护，并求得援助的安全知识和能力的教育。

（8）爱护学生、关心学生的师德教育。

（9）保持和调适自身及学生健康心理的常识。

（三）安全教育的实施途径

在实施农村中小学安全教育中，学校要发挥主导作用，同时要与家庭密切配合，争取公安、交警、消防、卫生、防疫、劳动、旅游、林业、保险等部门和学生家长的支持，共同完成好教育任务。主要实施途径有：

1. 安全教育日（每年3月份最后一个星期一）。规定学校安全教育周或安全教育月，集中对师生进行教育和培训。

2. 周、班会和活动课。进行生动活泼、形式多样的安全教育和演练，让学生在喜闻乐见的教育活动中，收到巩固知识、强化技能的效果。如请外来的专家开讲座，搞模拟演练，看表演，举办作文、书法、绘画、演讲等比赛，收听收看广播电视，办专刊等。

3. 学科教学和校园文化渗透教育。

4. 学校将按上级规定，每年分期分批派出相关人员参加各种培训，提高安全知识和技能教育。

三、农村中小学安全管理具体措施

保障农村中小学生的生命安全和健康成长，是农村教育工作的首要职责，是建设社会主义新农村、构建社会主义和谐社会的重要基础。各级教育行政部门和各级各类学校必须牢固树立“珍惜生命，安全第一”的意识，坚持以人为本，将加强农村中小学安全管理作为学校首要工作，摆到突出位置，强化日常管理，狠抓各项科学预防措施的落实，积极防范学校各类安全事故的发生。

（一）构建学校安全工作的保障体系

1. 成立安全工作领导小组。学校成立了以校长为组长、工会主席为副组长的安全工作领导小组，明确了分工和责任，并制定了相关的责任制，各负其责，做到凡是涉及学生安全的事，事事有人管，事事有专人负责。

2. 完善规章制度。学校根据上级的有关文件精神，结合学校的具体实际，制定切实可行的各种规章制度。如《安全工作制度》、《安全工作应急预案》、《学校安全工作责任事故处理办法》等一系列制度，做到有法可依，有章可据。

3. 层层落实安全责任制。学校和团队，后勤和教导处分别签订安全责任书；团队也应分别和各班主任签订安全责任书；后勤和各教研室、实验室签订安全责任书，层层落实安全责任，使全体教师都充分认识到安全工作的重要性，时刻绷紧安全第一的这根弦。

4. 加强对学生的安全教育和管理。学校团队利用安全常识讲座、主题班队会、健康安全小报等多种形式，有针对性地开展各种活动，不断地加强对学生的安全教育和管理，使学生了解必要的安全常识，提高学生的安全意识和自我保护的能力。

5. 强化安全检查制度。学校安全工作领导小组经常定期或不定期地对学校的安全工作进行检查，发现问题及时处理，排除安全隐患。

（二）健全学校安全预警机制

学校安全预警机制是指为学校安全预警而设置的机构、制定的各种制度和运转方式，并使其相互制约和影响的内在有机联系的系统总和。也就是说，学校安全预警机制就是通过对学校安全领域的若干征兆和发展趋势进行监测和反馈，分析其偏离目标的程度，并对其可能发生的后果发出预先警示，以预防、调整或补救的系统机制，是确保学校安全的主要检测手段。

1. 建立学校应急管理工作网络。形成“组长领导有力、师生广泛参与、防范严密到位、处置快捷高效”的应急管理工作机制和应急监测预警机制，积极争取当地党政、公安、司法、消防等部门的关心和支持，形成强大的整体工作合力。

2. 定期开展应急预案的演练。进一步修订完善学校的应急预案，制订可能危及师生生命安全和学校重大财产安全，严重破坏教学秩序的各类应急预案或操作方案，提高学生的应急反应、自救自护能力。

3. 安全工作规范化、经常化。严格做到定期、不定期对校舍安全、水电安全、饮食安全、交通安全以及校园安全保卫、周边治安环境开展隐患排查工作和专项整治工作，坚决防止火灾、集体食物中毒、交通等重大事故的发生。

（三）建立校园周边整治协调工作机制

在校园及周边环境综合治理方面，学校可以积极主动采取如下措施，取得有关部门和家长的密切配合和支持：

1. 联系公安、建设和交通等部门，依法在学校门前道路设置规范的交通警示标志，施画人行横线，根据需要设置交通信号灯、减速带、过街天桥等设施。

2. 联系建设、安全监管、公安等部门，重点排查学校校舍、围墙、挡土墙、厕所、浴室、库房、水井、水池、走道栏杆和供水、供电等设施，对学校及附近正在施工的建设工程与生产、经营和储存有毒、有害和危险化学品的企业的公共安全环境进行全面评估，全面排查学校及周边建筑安全隐患。

3. 联系卫生、工商行政管理部门对校园周边饮食单位的卫生状况进行监督，取缔非法经营的小卖部、饮食摊点。

4. 联系公安机关把学校周边地区作为重点治安巡逻区域，在学校周边治安情况复杂的地区增设治安岗亭和报警点，及时发现并消除各类安全隐患，处置扰乱学校秩序和侵害学生人身、财产安全的违法犯罪行为。

5. 联系新闻出版、公安、工商行政管理等部门依法取缔学校周边兜售非法出版物的游商和无证照摊点，查处学校周边制售淫秽色情、凶杀暴力等内容的出版物的单位和个人。

6. 充分利用相关部门的资源和技术力量，为学校的安全教育和管理服务。

7. 主动与学生家长联系，积极争取他们的支持和配合，共同搞好学生的安全教育和管理。

（四）加强安全教育宣传培训

加强对学生安全常识的教育和培训是至关重要的，因为只要每个学生对安全常识的学习，提高认识，让人人知道安全的重要意义，深刻地认识到安全是大事，人人才能自觉按安全常识的要求，每时每刻把安全记在心上，落实在行动中，这样安全事故的频发率就能控制到最低限度。

安全常识的教育包括：校舍安全、校园设施安全、往返学校路队安全、在校重点时段的活动安全、午休晚寝安全、防火、防电、防空、防地震、防毒、防水及食品卫生安全等。安全常识教育要落到实处，把它排在课表上，按《中小学生安全常识读本》的课程一课不落地授完。每天晨会集中讲，下晚自习以班为单位讲，放学回家整队时又集中讲，同时还要根据农村不同的地理位置、交通要道、水域等情况分类型讲，结合发生不同安全事故的案例讲，让学生警钟长鸣，从思想上筑起一道“安全重于泰山”的大坝。

除了常讲不松外，还应结合教材知识的案例进行安全知识的培训。要结合学习用电知识让学生懂得当危及触电时必须断开电源，雷雨天不能到高大建筑物和大树下面避雨以防雷击，结合防火、防毒、防空、防地震的知识，使学生懂得怎样自救。同时可以每学期搞一两次关于防空、防地震安全知识的实践演习，并定期办墙报，出专栏，宣传安全方面的知识，把安全知识遍及每个角落。只有这样常抓不懈，普及安全知识，重视安全，农村小学校园安全才有保障。

（五）及时有效处理安全事故发生

1. 事故一旦发生后，根据现有条件和能力尽快救护受伤学生，需送医院的尽可能送专科医院或大医院。

2. 及时通知受伤害学生的父母或其他监护人。

3. 争取在第一时间做好知情人的笔录（被调查人是未成年人时要有监护人在场），调查人员应2名，记录的内容要实事求是，不诱导；记录用钢笔或水笔，调查人员和被调查人员要有签名。

4. 如属重大伤害事故，学校要及时启动事故处理应急预案，事故应急处理小组要及时开展工作。

（1）学校要尽快与受伤学生家长接触，通报情况，安抚好家长。

（2）学校要召开有关教师、学生会议，及时通报情况，稳定情绪，统一认识。

（3）小组要及时研究处理意见，确定对策，和各方面沟通，每天要有专人记大事记，小组要确定对外发言人。

（4）学校出面召开协调会，教育局等单位根据需要可一起参加协调。

（5）协调期间学校应及时将情况通报给各有关方面。

四、农村中小学安全应急预案的制定

学校安全应急预案是学校针对特定的意外突发事故制订的实际操作方案，其目的在于事先明确在自己学校中行之有效的、科学的应对措施、流程、方法和途径。制定学校安全应急预案不仅能够提高学校预防和应对安全事故的综合能力，是学校一项重要的管理工作，而且也是学校必须履行的法律义务。

学校要依据《突发事件应对法》、《未成年人保护法》、《中小学幼儿园安全管理办法》的相关要求，明确学校安全应急预案的指导思想和工作原则，其内容要体现国家相关部门制定的法律、法规要求，要体现相关领域的基本行业规范，要对学校预防和应对安全事故产生实际的指导意义，还要明确提出应对特定安全事故必须遵循的基本思路。学校应急预案的指导思想和工作原则要简明实用，便于操作，针对性强，切忌空话连篇、言之无物，避免出现与国家相关政策和行业规范相违背的内容。

（一）平时的主动预防措施

针对学校安全问题，平时的主动预防措施可以从两个维度去思考和设计：一是从特定意外事故和突发事件的横向相关因素入手，进行全面考虑和分析，分清楚主要因素和次要因素，针对这些相关因素制定预防措施，通过控制相关因素来减少和杜绝意外事故和突发事件的发生；二是从与特定意外事故和突发事件有关的学校管理工作的纵向发展流程入手，查找工作流程中的薄弱环节和缺失环节，通过完善管理工作流程来减少和杜绝意外事故和突发事件的发生。综合起来，平时的主动预防要关注以下几方面：

1. 相关管理要求和制度。

2. 相关人员的安全职责。

3. 防范设施的装置与使用。

4. 宣传教育的方式方法。

5. 隐患排查及整改措施。

6. 经费保障的内容。

7. 学校组织学生参加各种活动要上报上级管理部门审批。

（二）事发后的快速救助应该注意的问题

1. 救助工作的基本原则

事发后的快速救助措施的基本原则是“救人第一”。学校对于安全事故中学生和其他相关人员的救助与学校在事故中是否有责任没有任何关系，也就是说学校对于学生和相关人员的救助是没有任何条件的。

2. 救助工作的关键

事发后救助工作的关键是赢得时间。救助措施必须是一种快速的反应，赢得时间就是赢得机会，不能有半点拖延和推诿。

3. 救助工作的要点

事发后救助工作的要点是学校所采取的措施及其具体流程的科学性。学校救助措施必须是科学有效的，必须要进行周密的计划和部署。学校管理者平时要进行学校安全工作的能力建设，不断提高科学救助的决策能力和实施能力。

4. 救助工作的延伸

事发后的救助工作不仅要关注在事故中受伤的学生和相关人员的身体健康，还要关注他们的心理干预和救助。安全事故，特别是重大安全事故往往会引发人们的心理危机，这种危机绝不亚于身体上所受的伤害。所以，事发后的救助工作还包括进行心理干预和救助，这种心理干预和救助必须由专业人员来进行。

5. 快速救助措施要关注的几个方面

(1) 安全事故管理小组人员的到岗状况和责任落实。

(2) 安全事故管理小组组长与成员之间、成员与成员之间的工作交流。

(3) 救助工作基本阶段及其具体安排。

(4) 医药、交通工具等相应的救助物品的物资保障。

(5) 各类报警电话提示、上级部门的上报电话和上报程序。

一旦发生安全事故，学校要按照安全事故应急预案中确定的“事发后的快速救助措施”，相关人员在第一时间到位，及时、有效地开展各项救助活动。还要通过实践演练检验安全应急预案的科学性，及时修改和完善安全应急预案。

附6：农村中小学安全管理案例

××小学安全事故应急方案

为确保校园各类突发事件能够及时、迅速、高效、有序地得到处理，保障我校全体师生生命财产安全和身心健康，维护社会稳定，根据上级有关部门要求，结合我校实际，特制定本预案。

本预案所称突发事件，是指突然发生的，造成或者可能造成校园内师生员工生命财产和身心健康的火灾、地震、洪灾、公共卫生、环境污染以及人为的破坏等重大安全事件。

一、组织与指挥

（一）学校成立突发事件应急处理领导小组，统一领导全校突发事件的应急处理工作。突发事件应急处理领导小组由学校领导及相关科室、教研组主要负责人组成，校长任组长。

突发事件应急处理领导小组名单如下：

组长：×××

副组长：×××

组员：各班主任

应急领导小组履行下列主要职责：

1. 指挥有关教师立即到达规定岗位，采取相应的应对措施。

2. 安排教师开展相关的抢险排危或者实施求救工作。

3. 根据需要对师生员工进行疏散，并根据事件性质，报请上级部门迅速依法采取紧急措施。

4. 根据需要对事件现场采取控制措施。

5. 对本校的突发事件的应急处理程序进行督察指导。

（二）突发事件发生后，学校突发事件应急处理领导小组应当根据“生命第一”的原则组织，决定是否启动突发事件应急预案，并在第一时间内向上级主管部门报告。

（三）学校各有关部门在各自职责范围内，做好突发事件应急处理的有关工作，切实履行各自职责。对部门组织或负责的教育教学活动，活动前应有预见，并根据学校的突发事件应急预案，采取相应的措施，发生事故，主动纳入学校预案工作程序。

（四）应急状态期间，领导小组各成员必须保证通信网络畅通。校内各部门应当根据突发事件应急处理领导小组的统一部署，做好本部门（年段）的突发事件应急处理工作，配合、服从对突发事件应急处理工作进行的督察和指导。

（五）学校内任何部门和个人都应当服从学校突发事件应急处理领导小组为处理突发事件作出的决定和命令。突发事件涉及的有关人员，对主管部门和有关机构的查询、检验、调查取证、监督检查及采取的措施，应当予以配合。

二、监测与报告

（一）开展突发事件巡视监测。任何人员都有巡视监测学校突发事件的责任，值周教师、教学活动的带队教师、学校安全门卫等教师更有监测学校突发事件的职责，一旦发现安全事件或可能发生的突发事件的苗头，应向学校领导汇报。

（二）建立信息报告制度。突发事件发生或有可能发生突发事件的信息，采用逐级汇报制度，事件第一发现人应及时向学校汇报，学校应在第一时间向学校主管部门汇报，并随时与上级单位保持密切联系。

（三）严格执行学校重大事件报告程序。对于各类突发事件，应迅速判断事件性质，根据事件性质，及时向社会、政府各救治排险机构求救，并向相关的政府职能部门、上级主管部门逐级汇报。在得到指示和未得到指示前，对事故可能影响善后处理的现场、证件证物等要进行保护。

（四）突发事件向外发布情况，需要经校突发事件处理领导小组同意，在确定性质的基础上以集体形式发布，不得主观臆测、夸大其词，或者须经上级有关部门鉴定核实后作出决定。任何人员都不得瞒报、谎报或者授意他人隐瞒、缓报、谎报突发事件。

三、应急调查与救治

（一）突发事件发生后，校应急处理领导小组及有关部门，负责组织对突发事件进行调查处理。通过对突发事件调查、现场勘验，采取控制措施等，对危害程度作出评估。

（二）突发事件发生后，在进行事件调查和现场处理的同时，学校应当立即将突发事件所致的伤亡病人送向就近医院，对无法判断伤情的伤病员，应及时报警求救求援。

（三）突发事件发生后，学生管理部门、保卫部门应立即保护现场、采取疏散、隔离等措施，加强学生管理，并做好学生思想政治工作，确保学生心态和情绪稳定。

（四）突发事件发生后，突发事件应急处理工作领导小组根据需要，可以采取临时停课、放学、疏散等措施，并及时向上级部门汇报事件情况以及采取的应急措施。

（五）突发事件发生后，根据事件性质，应及时与涉及事件的学生家长、教师家属联系，在适当条件下，告知事件原因、处理结果，或者联系家长进行救治。

四、应急预防监控措施

（一）火灾

学校全体师生发现校园火灾均应及时报警，迅速向学校领导汇报。发生在教育场所的火灾，教育活动必须立即停止，并对人员进行安全转移或疏散。如果有伤员，及时抢救。涉火人员必须提交火灾原因的书面报告。补充如下：

1. 火势比较大，靠学校自己的力量难以扑灭，应立即拨“119”报警。

2. 重点部位或其邻近发生火灾，靠学校自己力量无把握短时扑灭，可能危及重点部位，应立即直接拨“119”报警。同时采取自救措施，转移物品，打开消防通道，疏散人员，隔离电源。

3. 一般火灾情况（火势较小、火势发展慢、损失小、靠学校自己力量可以扑灭）应立即组织自行扑火，事后将火灾发生时间、地点、情况、扑火经过、采取的灭火方式和起火原因与后果等以书面形式报学生处。

（二）恶性伤亡事故

当学校内发生人员伤亡的恶性事故时，应立即保护现场，并报告学校应急预案处理领导。对未死亡人员学校应采取现场急救，无法或无能力救治或者无法判断伤亡情况，应及时向相关部门（公安部门、医疗救治中心等）报警。

对恶性伤害事故的原因要进行及时调查，实事求是，配合各部门提供相应证据证件，事故的处理根据调查结果依相关法律、法规、条例处理。

（三）传染性疾病暴发、流行

应当做到早发现、早报告、早隔离、早治疗。对传染病病人和疑似传染病病人，采取就地隔离、就地观察、就地等待医疗部门治疗。加强预防控制措施，防止造成疫情扩散。发生重大传染病疫情、群体性不明原因疾病、重大食物中毒等，应及时采取如下措施：

1. 对全校师生员工采取必要的保护措施，发放必要的防护用品。在公共卫生场所完善洗手设备，提供流动水、洗手液、除菌消毒肥皂。

2. 所有师生居所、工作室、人群聚集场所要增加通风的时间和强度。教育师生增加户外活动的时间，注意劳逸结合，增强抗病能力。注意个人卫生，勤洗手，搞好居室卫生，勤晒衣被。

3. 建议师生员工尽量避免接待外地来访的客人，各种集体性人员聚集活动推迟或取消，尽量减少不必要的会议和集体活动。

4. 一旦发生疫情，严控外来人员进入，教育学生自我保护，限制学生去人员密集的公共场所。对我校外出工作人员、学生实行登记制度，经医院进行必要的身体检查才能复学。

5. 学校采取必要的消毒措施。

（四）地震、洪灾等自然灾害

发生自然灾害，必须以生命第一为原则，学校可以采取必要的停学措施。对影响师生安全的教育教学活动，都应及时作出安排，或采取必要的防范措施，在上下学路上可能危及学生生命安全的，应及时告知家长接送或在路上护送，也可以报警。对可预见性自然灾害，应在未发生灾害前，作出安全部署，对不可预见的自然灾害如地震、龙卷风等，应尽力采取保护和自救措施，事后应及时施救，并将事实情况通过汇报程序汇报。

（五）环境污染

1. 调查学校周边的环境污染源，如果发现可能造成环境污染的源头物，应及时向环保部门报告。并备案这些污染源可能产生的污染性质和处理办法。

2. 产生环境污染突发事件，应配合环保部门紧急疏散全校师生，并做好学生的思想稳定工作，疏散过程中维护好师生的秩序。

3. 平时对全校师生进行环保教育和环境污染自护自救教育。

（六）人为破坏

1. 加强校园保卫和巡逻，阻止外来人员进入校内。

2. 发生爆炸、投毒等恶性事故，及时报警。学校应保护生者，进行人员安全疏散，对伤员进行救治。

3. 发生绑架等突发事件，及时报警，并配合公安部门提供相关破案线索。

4. 发生打架斗殴致人伤残等突发事件，报警，及时送伤者就医，保护现场，调查原因。

第九章 农村中小学教师管理

教师管理是指教育行政部门和学校对教师的任用、培养、考评、待遇、晋升、奖惩等工作进行管理的过程，包括教育行政部门对教师的管理和学校对教师的管理两个方面。学校内部的教师管理主体是校长。校长对教师的管理是教师管理的重要组成部分，是在学校内部校长对教师的教学、科研等一系列活动进行组织、协调、安排、控制，是校长在国家教育方针指导下，根据学校工作需要，按照一定的标准，运用多种手段有目的、有计划、有组织地对教师的教学、科研等活动进行管理的过程。

一、农村中小学教师管理存在的问题和管理策略

（一）农村中小学教师管理存在的问题

目前农村中小学校在对教师的管理上存在着以下问题。

1. 农村中小学的学校管理缺乏自主权和灵活性

农村中小学受地方政府和上级教育行政部门的绝对领导，上级部门对学校的人事权、财政权和教育教学权的集中，导致了学校管理自主权的缺失，使得校长负责制在农村中学很难发挥其应有的作用。

2. 学校内部以刚性管理为主，学校管理整体水平不高

农村中小学的管理大都采用刚性管理。一方面用各种规章制度严格约束规范师生员工的行为，缺乏弹性；另一方面，忽视对教职员工的物质激励和精神激励，管理缺乏柔性。这种刚性的管理方式容易使广大教师产生逆反心理，严重阻碍了教师主动性、灵活性和创造性的发挥和教育质量的提高。从总体上看，农村中小学的管理

理念和管理手段相对落后，学校管理水平不高。

3. 缺乏明确的教师队伍建设目标

现在，很多农村学校在教师队伍建设上存在很大的盲目性，对教师的未来发展没有一个明确的目标。校长心中较多地考虑到目前工作如何安排，对于在未来的一段或更长的时间内学校教师队伍要形成怎样的结构，在专业知识和业务水平上要提高到什么程度，在与周边学校的比较中要处于什么样的位置这些问题上则很少考虑。这样，对教师队伍建设也就没有一个具体的计划。

4. 教师激励手段机械单一

有些农村学校重视教师的思想政治教育，通过坚定教师的教育信念，加强教师的思想政治工作来调动教师的积极性，而忽视了教师经济状况普遍较差，具有强烈提高生活水平等生理、心理需要的现实状况。

5. 教育经费供给严重不足，办学条件差

农村中小学的教育经费主要靠地方政府和上级教育行政部门的财政支持，但落后地区农村经济发展的滞后性、农村教育经费筹措渠道的不畅，致使农村中学教育经费的供给先天不足。有限的财力、物力再经过上级的统筹安排、权衡分配，落实到农村中小学可供其支配的教育经费杯水车薪。没有了物质作保障，学校办学条件的改善就显得举步维艰。学校管理资源的稀缺，严重影响着学校的管理水平和教育质量。

6. 教师的人员流动现象严重，师资水平差，教学质量不高

由于区域经济发展的不平衡，地区间教师的物质待遇差异极大，落后地区农村中小学教师的物质待遇低，教师的付出与所得失衡，再加上教师应有的权益得不到保障，教师流失情况严重，“孔雀东南飞”现象屡屡发生。留得住的教师整体业务水平又不尽如人意，致使学校的教学水平得不到提升，整体教育质量得不到保证。这给学

校的管理和发展带来极大的冲击。

（二）农村中小学教师管理的策略

当前，对农村中小学教师管理中存在的这些问题，应引起学校的高度重视，并努力寻求改善此现状的良策，进一步加强农村中小学教师管理，提高教学质量，全面推进素质教育。

1. 制定学校师资队伍建设规划

学校要根据不同情况、不同层次，制定不同的工作目标，采取不同的措施，来促进教师的专业素质的提高。

第一，不同层次教师素质的提高。

对新教师，采取新老结对的方式给予必要的专业指导。如果本校没有合适的指导教师，可以在本区域内选择指导教师，让年轻教师尽快胜任本岗位的教学工作。

中年教师年富力强，在教育实践中积累了丰富的经验，要帮助他们认真总结提高，学习教育理论，撰写教育论文，将感性认识上升到理性高度，使他们尽快成为学科带头人。

老年教师教学经验丰富，但是观念滞后，因此，对于老年教师主要是更新他们的教育理念。通过学习教育理论，参加教师业务培训等，让老教师既要发挥他们的业务专长，又要创造条件让他们在教学业务上再学习、再提高。

对于学历不达标的教师，鼓励他们参加学历教育，学校在经费上给予支持，使本校教师的学历达标率达到100％。

第二，构建良好的教师集体。

良好的教师集体有利于学校工作发挥整体效能，有利于教师个体的专业发展。教师群体的成长与发展，需要有一个良好的工作环境和行为调节机制。

学校要努力帮助教师树立群体的共同目标：一方面是将学校总体目标内化为教师个体目标；另一方面让教师个体已有的目标融入

群体目标体系，这样全体教师就会在学校共同目标的旗帜下通过人际沟通形成一个整体。

第三，培养教师养成良好的行为规范。

热爱教育、热爱学生、教书育人、严谨治学、为人师表、团结协作、顾全大局等良好行为规范一旦形成，就会成为全体教师共同遵守的准则，影响、支配和调节教师的教育行为。正确的舆论导向，对教师个体和全体都会产生积极的影响。在学校管理中，要扶持正确的理论，抵制和纠正错误导向，促使教师群体团结一致，奋发进取。

此外，在学校构建和谐的人际关系会促使教师和睦相处、互相谅解和合作共事。

2. 提高农村学校教师的职业道德素质

农村学校分布较散，有的地处偏远闭塞村落，难免有“天高皇帝远”的松懈，加之文化娱乐生活落后，教师容易自由散漫，教师行为难免失范。学校要通过经常性的师风师德教育，定时组织教师进行政治理论和教育法规的学习；定期进行师德考评，查找自身存在的师德问题，并进行有针对性的整改；有意识树立身边的典型，为大家提供学习的榜样；同时要及时总结工作经验，要注意发现新的问题与苗头，对教职工的年度考核要实行师德“一票否决”；要通过各种教育活动达到转变教师观念，让教师自觉做到教书育人，为人师表，一心扑在教学上，无怨无悔。

3. 解决农村教师的后顾之忧

农村教师队伍不稳定，很重要的原因是农村学校生活不方便，住房条件较差，子女入学困难等。要想让农村教师扎根农村任教，作为学校必须要解决农村教师的后顾之忧。作为学校管理者要为教师做好服务，关心他们的生活，解决他们生活上的困难和子女入学难等问题，这样才能让他们安心工作。

4. 以科研为先导，促进教师的专业发展

要想提高农村学校的教育质量，必须引导教师参加教育科研，提高农村中小学教师的专业水平。学校要制定教科研制度，积极引导并鼓励教师参加教育科研，要求学校每个教师都要参与一个课题的研究，通过教师学习教育理论，相互交流、写反思小结、撰写教育论文和研究报告等，提高农村教师的理论水平和专业能力。

5. 激励教师热爱教育事业，努力培养学者型教师

第一，热爱教育事业，把教师职业当做事业来做。作为一名教师应该把教师这个职业当做事业来做，甘于清贫，尤其是农村中小学教师更应该如此，才能够扎根于乡村教育。因此，作为一名农村中小学教师就应该把精力放在教书育人上，让这些农村学生享受同城里一样的教育，培养出高素质的学生。

第二，不断加强理论学习，提高自身专业水平。作为教师应该把学习当成一种习惯，成为一种自觉行为，真正做学习的主人。在高速发展的信息时代，作为农村中小学教师要有一种恐慌感和危机感，不学习就有落伍和淘汰的危险。尤其是在一些偏远的乡村中小学，信息闭塞，必须加强理论学习，向书本学，向同行学，向专家学；学习教师职业道德，学习教育家的实践性著作，学习新课程的教学理念，并运用到教学实践中去。在教学实践过程中，要不断进行教学反思，把在教学中遇到的问题提炼成课题进行研究，撰写教育论文和教育札记，提高自身的研究水平，努力使自己成为创新型、专家型教师。

二、农村中小学教师的职责和应具备的素养

教师是学校的第一资本，不同类型和级别的学校对教师的职责定位和素质要求是不同的。每位农村中小学教师都应该明确自己的职责和应具备的基本素质，以便督促自己提高素质，尽职尽责地完

成教育教学工作。

（一）农村中小学教师的职责

教师职责是指教师职权范围应负的基本责任。它不是指工作细则和具体要求，也不能等同于教师的职业道德。根据国家的教育方针和中小学教育的性质、任务及新时期对教师的要求，农村中小学教师的基本职责主要有以下几点。

1. 搞好课堂教学，教导学生学好功课

“师者，传道、授业、解惑也。”课堂教学是学校教育的主战场。搞好课堂教学，向学生传授做人的道理，教导学生学好各门功课，完成学业，是教师的首要职责。新时期的教师不仅要“传道、授业”，还要在传授知识的过程中，重视发展学生的智力，培养学生运用知识分析问题、解决问题的能力，还要促进学生情感、意志、性格、气质等非智力因素的发展，把教书与育人结合起来，把发展智力、培养能力、促进非智力因素的发展统一起来。只有这样，才能是一个称职的教师。

2. 搞好德育工作，指导学生学会做人

“德者，才之帅也”，德才兼备德为首。搞好德育工作，提高学生的思想品德素质，指导学生学会做人，是社会主义教育的重要目标，是素质教育的核心要求，是教师的基本职责之一。教师要通过课堂教学、课外活动等各种形式的德育活动，以身作则地指导学生学会做人，养成学生良好的行为习惯，培养学生良好的思想品德和个性心理品质，教育学生努力成为21世纪所需要的德才兼备的优秀人才。

3. 搞好体育卫生工作，促进学生身心健康发展

身心健康是人良好素质的重要体现之一。现在学生的生活水平提高了，物质生活丰富了，但身体素质和心理素质并不容乐观。如果教师热衷于片面追求分数，盲目地加班加点，加重作业负担和心

理压力，不关心学生的身心健康，势必会对学生的发展产生消极影响。所以，教师要指导学生上好体育课，开展好体育活动，并加强卫生和心理健康教育工作，减轻学生过重的课业负担和心理负担，让学生快乐地学习，健康地成长。

4. 组织好课外校外活动，促进学生全面发展

新的课程标准强调中小学的课外活动的重要性。没有活动就没有教育，活动课及各种有益的课外活动，对培养学生各方面的兴趣、爱好和特长，开阔学生眼界、训练技能、陶冶性情、发展智力、培养能力、促进学生全面发展都有积极作用。教师有责任上好活动课，组织指导好课外活动。千万不要把开展活动当成负担，甚至占用课外活动时间补习文化课，否则，就不是一个现代意义上的称职教师。

5. 协调学校与社会、家庭的关系，使校内外教育形成合力

人的一生要接受家庭、学校、社会这三方面的教育，三者协调一致是教育成功的重要因素。在学校、社会和家庭这三方面的教育中，学校教育起主导作用。这种主导作用，要通过教师协调好学校与社会、家庭的关系体现出来。教师应当成为社会教育和家庭教育的联系者、指导者、协调者、咨询者。在日益开放的社会条件下，社会和家庭对学生的影响日益扩大，教师尽职尽责地协调好三方面关系，对学生的成长非常重要。

6. 开展教育教学研究，参与学校管理

随着社会改革的深入、素质教育的实施和新课程教材的使用，很多传统的教育思想，尤其是一些教学模式和教学方法等已经过时，教师有责任也有必要通过开展教育教学研究，特别是对学生、教材、教法和德育的研究，认真总结教育教学经验，转变教育思想，更新教学观念，不断提高教学工作和德育工作的能力，否则就很难适应新时期的教育工作。同时现代的教师是学校的主人，教师有责任主动参与学校管理，积极向学校领导献计献策，共同把学校管理好，

这也是一个现代教师应尽的职责。

总之，每位教师都应抱着对社会负责、对学生负责、对学校负责、对家长负责也对自己负责的态度，认真履行自己的岗位职责，尽职尽责地完成本职工作，做一个称职的人民教师。

（二）中小学教师应具备的素养

一个人应具备的素养与他所从事的工作特点、所要完成的任务是密切相关的。我国教师的根本任务就是教书育人。首先要教好课，完成自己的教学任务，同时还要对学生进行思想品德教育，对学生的全面发展负责，另外，还要不断地总结经验，进行教育科学研究等。具体地讲，作为一名现代的农村中小学教师应具备以下基本素养。

1. 师德素养

教师的职业道德简称师德，它反映了教师对自己所从事的事业和服务对象的认知态度、行为准则以及和同事之间的相互关系等。职业道德在教师所具备的各种基本素养中居核心地位，是其他素养的灵魂。根据我国《中小学教师职业道德规范》的要求，农村中小学教师的职业道德主要有：

（1）爱岗敬业

“爱岗敬业”，是教师热爱教育事业的一种直接体现，也是干好教育工作的前提。今天所有被人们称颂的教师，都是把自己的青春和生命无私地奉献给人民教育事业的人。爱岗敬业要做到：第一，要树立从事教师职业的光荣感、神圣感。充分认识到教育对国家、社会发展的重要性，认识到教师工作的社会价值，树立“科教兴国”的思想。第二，爱校如家，全身心地投入到学校教育工作中去，尽心尽责地完成学校布置的各项工作任务，尽心尽责地教书育人。第三，要学而不厌，不断创新，努力提高自己的教育教学水平。

（2）热爱学生

“爱”学生是教育工作的出发点，也是教师职业道德的核心。

在一定程度上，热爱学生就是热爱教育事业。只有热爱学生，教师才能做到全身心地投入到工作之中，为学生着想，为学生的未来着想，不会误人子弟。只有热爱学生才能建立良好的师生关系，才能获得学生的尊重和爱戴。教师热爱学生能激发学生好学上进的积极性。

在教育教学过程中，教师对学生的爱应该是最纯洁的。这种爱，在性质上是一种只讲付出不计回报的、无私的、广泛的且没有血缘关系的爱，在原则上是一种严慈相济的爱。这种爱是神圣的。这种爱是教师教育学生的感情基础，学生一旦体会到这种感情，就会"亲其师，信其道"。当然，教师热爱学生也并不是一件容易的事，让学生体会到教师的爱更难。因此，教师施"爱"也应讲究方式、方法。另外，教师也应注意，如果对学生的爱表现出无原则、无是非，或讨好、袒护、放纵等，必然导致教育行为失败，甚至污染学生纯洁的心灵。

(3) 团结协作

任何一个单位、部门要取得好的成绩，除了每一成员具有爱岗敬业精神外，还需要有团队意识。教师之间为了共同的目标，工作中要相互支持，相互配合，要树立关心他人的美德，要互相维护对方在学生中的威信，对学生的教育要求要一致。对工作中产生的矛盾，要做到求大同存小异，顾全大局，切忌互相拆台、辱骂，在学生面前损害教师形象。教师和领导之间，要协调好上下级关系。学校领导要尊重、信任和关心每一个教师；要深入教学第一线，对教师做具体指导；要虚心听取教师的批评和建议，不在学生面前指责教师，维护教师的威信。教师要能主动多和领导沟通交流；能体会领导的教育思想；能主动配合领导开展工作；能出色完成领导交给自己的工作任务；不在学生面前和公开场合轻率地顶撞领导，应维护领导的威信。

此外，教师与学生家长之间也应不断加强联系，相互理解、相互支持，通力合作。在学校教育中，教师的团结协作精神不仅可以提高整体教育能力，而且对培养学生良好的个性品质尤为重要。

2. 知识素养

(1) 过硬的专业知识

教师应精通所教的学科，具有这门学科的扎实的基础知识和基本理论，并了解学科发展的前沿。同时还应了解与本专业相关的临近学科的基础知识，扩大专业知识背景。也就是人们常说的，要教给学生“一杯水”，自己要有“一桶水”。但随着科技革命的迅速发展，信息社会的到来，教师也要不断地丰富和发展自己的专业知识，要终生学习。教给学生“一杯水”，自己要有“长流水”。只有这样，教师在工作中才能吐故纳新，高屋建瓴。但有人认为，在师范院校里学习的好多专业知识，走上工作岗位根本用不上，学多了也没有什么用。将来只要把学生学习的教材搞透了，就能足以应付教学。其实，这是一种偏见。不仅中小学生学习的基础知识与师范生在师范院校里学习的较高深的专业知识有着内在的联系，而且知识与思想是相互联系的，通过较高深的专业知识的学习，可以提高人的思想境界。试想，一个“学富五车”、“才高八斗”的教师在学生的心目中是什么样的形象。现在，部分教师知识退化较为严重的现象应值得高度重视。

(2) 广博的文化科学知识

教科书里的知识只是教师知识视野中的起码常识。只有当教师的知识视野比学校教科书宽广得很多的时候，教师才能成为教学过程中的真正的能手、艺术家和诗人，因为各门学科知识都不是孤立的，数、理、化之间，文、史、地之间，自然科学与社会科学之间，其联系日趋密切。这就要求教师有“渊博”的人文素养和科学素养，对人类文化的各个领域、各个层面都要有所涉猎，熟谙诸子百家，略通天文地理，要形成自己对生命、对生活、对历史、对社会的独特而科学的理解、感悟和态度。由于各种信息的不断涌现和信息传播的多渠道等原因，今天的中小学生已不同于过去时代的学生，他们已成为多种文化资源的占有者、享用者，特别通过网络，学生获得的知识信息甚至比教师还多。他们在课堂和课外能够提出形形色色、五花八门的问题，如果教师没有这些知识和信息准备，就会感到无所适从。这都要求教师必须具有较为广博的文化知识基础。这里需要强调的是，现代的教师还应具有相关的法律知识。我国开始迈向法制社会，教育法律体系正在逐步建立，全国教育领域的案件越来越多。所以，现代社会的教师，必须知法懂法，依法从教，自觉做守法公民。当然，一个教师不可能什么都知道，什么都会，但不断学习，永无止境，应是教师终生的追求。

（3）系统的教育科学知识

教育科学理论知识是教育实践经验的概括和总结，它反映了教育的客观规律。掌握教育的基本原理能使教师从传统的教育观念中、传统的经验中走出来，开阔自己的理论视野，更好地指导教育实践，推动教育的改革和发展。

3. 能力素养

（1）语言表达的能力

语言是教师从事教育工作的最主要手段。对教师口头语言表达能力的基本要求是：第一，教师要能讲普通话，至少要达到二级乙等水平，语言要通俗易懂，简洁明了，切忌条理不清，含糊其辞，啰唆和口头禅；第二，教师言语表达要有艺术性和感染力，声调高低和谐，轻重有度，抑扬顿挫，并注意辅之以恰当的体态语和表情语；第三，教师的语言要有启发性和教育性。通过教师诙谐幽默和富有智慧的话语，学生不知不觉地受到启迪和教益。此外，教师的语言表达能力还包括书面语言的表达能力，尤其是文科教师和班主任老师。但总的来说，教师的书面语言没有口头语言重要，但书面语言能力较强的教师应充分发挥其优势。如有时师生交流采用笔谈比口谈更有效。

（2）组织教学的能力

教师最基本的工作是教学工作，所以，组织教学的能力是教师最基本的能力之一。它包括教材的分析能力、教学过程的设计能力、教学过程的实施能力和教学的反思评价能力等。第一，教材是教师进行教学活动的主要依据，也是学生学习知识的主要来源。教师要能从整体上把握教学目的要求、作者的意图、教学内容结构、思想体系，对定义、定理、公式、关键词要认真推敲，深刻领会。第二，对教学过程进行整体构思和设计。包括教学目标设计、教学内容设计、教学环节设计、教学方法设计、教学时间设计和板书设计等。第三，教学实施是组织教学的最为关键的一环，再好的设计方案，如果不能有效落实，等于白纸一张。教学过程的实施能力是对教师各方面素质的综合测试，所以每一位教师都应该抓好上课这个环节，组织好课堂教学，向课堂要质量。第四，教学的反思评价能力是指教师通过反思评价，及时准确地了解自己的教学效果，总结经验，改进教学，不断提高教学质量的能力。

（3）管理学生的能力

从课堂教学、课外活动、生产劳动、社会实践到学生班集体建设，都离不开教师对学生的组织和管理。管理能力较强的教师往往能有效地调动学生学习的积极性。教师管理学生首先要树立“以人为本”的思想，要处处时时为学生着想，为学生服务，以说服教育为主，不用权利、武力来压服学生；其次，要善于依靠学生集体的力量管理学生。学生集体既是教师教育的对象，也是教师利用它教育学生的手段，教师单枪匹马很难做好学生的管理工作。再次，要善于利用教师集体和学生家长的力量，还要会利用学校的各项规章制度来管理学生。最后，开展丰富多彩的活动，让学生在活动中、在管理中学会自己教育自己、自己管理自己。

（4）人际交往的能力

人际交往是指人与人之间传递信息、沟通思想和交流情感等方面的联系过程。教师的人际交往包括师生间的交往、教师间的交往、教师与领导的交往、教师与学生家长的交往、教师与社会人员的交往等，其中师生间的交往是教师人际交往的主体、核心。在教育教学中，不同的师生交往，导致不同的师生关系，从而导致不同的教育结果。比如，教师在课堂上单向交流，往往学生处于被动的地位，学生的主动性、自觉性、创造性受压抑，学生个性得不到张扬，教学效果就不理想，师生关系也因此不易协调；课堂上如果是多向交流，学生的主体性就能得到充分体现，教学效果就好，师生关系因此而融洽。另外，教师若能协调好与其他教育者的关系，更有利于调动各种教育因素，形成教育合力。

（5）教育科研的能力

教师的教育科学研究过程，实质上是教师不断总结教育教学经验，发现问题、解决问题，探索教育真谛的过程；也是教师再学习的过程。教师只有通过教育科研才能科学总结教育经验，使之上升为理论，以丰富、充实和发展教育科学理论；只有搞科研，才能在工作中避免盲目探索，少走弯路，早出成果，多出成果。所以，很多中小学提出“向教育科研要质量、要效益”的口号。中小学教师从事教育科研要注意的是：第一，要有问题意识。要善于在实际工作中发现问题，以解决当前的教育问题为目的。第二，要有“反思”能力。通过对自己教育教学活动的反思，不断总结经验和教训。第三，要有创新意识和创造能力。中小学教师要能在教学实践中大胆地实验，不断探索新的教学模式、教学方法，不断创新教育教学思想等。第四，要重视教育科研成果的借鉴与交流。

4. 身心素养

身心素养包括身体素质和心理素质两方面。农村中小学教师应具有健康的体魄和良好的心理素质。没有健康的体魄，就谈不上全身心地投入到教育工作中去。教师的劳动是繁重、复杂、艰苦的且具有创造性的脑力劳动，必须要有好的身体。同时，教师除了必要的体育锻炼，适当的营养、休息外，还应拓宽自己的兴趣，调节自己的生活，加强自身保健，避免有碍健康的因素对自己的影响，特别要注意心理健康，使自己始终以健康、乐观、豁达的身心状态和充沛的精力完成育人的任务。再者，学校领导也应注意分配给教师适当的工作量和创造良好的工作环境，应从长远计，不能给教师压力太大，毕竟，人的精力是有限的。这不仅是“留得青山在，不怕没柴烧”，而且良好的身心状态有利于激发人的潜力和创造力。

三、农村中小学教师工作积极性的激励

（一）激励的概念

学校管理的重要任务，就是采用多种方法，满足教师合理的需要，唤起教师高度的工作责任感，激发教师的工作动机，最大限度地调动教师的工作积极性，从而保质保量地完成教书育人的任务。人的行为积极性的激发在管理学上称为激励。也就是说，激励就是激发人的行为动机，诱导鼓励人的正确行为，使其发挥潜力，为实现目标而努力的过程。

（二）农村中小学教师激励的方式

就农村中小学教师的激励而言，具体的激励方式有以下几种：

1. 价值激励

价值激励是指让工作者充分认识其所从事工作的社会意义和对个人的价值。所以，对农村中小学教师的价值激励就是要使教师看

到自己所从事的教育工作的价值，看到教育教学工作对社会、对学生以及对个人的重大意义。

第一，工作富有多样性。人，尤其是年轻人，一般不愿意一辈子局限于一种十分单调重复的工作，多半喜欢追求工作的丰富多样。教师也是如此。校长应该想办法使学校的生活丰富多彩，使教师的工作目标、内容和方式都有所变化，从而使教师对自己的工作不断产生新鲜感，增强趣味性。

第二，工作富有挑战性。压力也可产生动力，具有一定难度的工作任务，可以激活内动力。所以，学校也要适当地赋予教师具有挑战性的工作。

第三，及时给予积极的反馈。对教师的工作成绩要及时给予肯定的评价和反馈，使教师的自尊得到满足，使教师及时地认识到个人价值，从而使其工作的动机得到积极的强化。

2. 目标激励

人的行为是由动机激发的并指向一定的目标的，所以目标是满足人们需要、引发动机的外部条件。因此，调动教师积极性应采取目标激励的方法。

目标激励要注意以下几个问题：①目标设置要科学、合理。如要分清主要目标与次要目标；制定出远景、中景和近景目标；注意学校总目标、子目标和个人目标之间的关系；目标实现的难度要适当等。②引导教师提高对目标价值的认识，不断提出新的奋斗目标，努力使大小目标、远近目标相结合。③在集体目标之中设置好个人目标。首先引导教师充分认识学校目标对个人发展的重要意义，从而认同集体目标。其次引导教师把个人目标融合在集体目标之中，鼓励教师接受集体目标，及时根据情况和需要修改个人目标。对那些违背集体目标的个人目标，通过教育乃至必要的批评，使其回到集体目标上来。

3. 授职激励

人有权力、社会地位和荣誉的需要。现代社会，权力需要主要指向一种有影响和控制他人的欲望或内驱力。授职激励对于留住优秀教师是很重要的。在学校组织中，授职应当重视使用“业务型干部”。

授职激励必须坚持任人唯贤，即坚持德才兼备的任用方针。这样才能真正发挥授职激励的作用。在运用授职激励时，要做到：①用当其时。用人应抓住适当时机。每个人才都有其一生中最佳时期，要能够最充分地利用人才的最佳时期，使人才在精力充沛、才华横溢的时期得到提拔重用，而不能论资排辈。②用其所长。使用人才时，要扬长避短，必须将人才放在最能充分施展其才干的位置上。用人之长时，还要能容人之短。③用当其愿。指根据使用对象的兴趣、爱好和志愿来使用人才。这是人才使用的最高境界。公开竞争和毛遂自荐是实现用当其愿的较好办法。

4. 奖惩激励

奖惩激励分为奖励和惩罚两种。人，从本性上来讲都是趋奖避惩的。从心理学的观点看，工作做得好，给予奖励，就是正强化；工作中犯了错误，给予惩罚，就是负强化。

一般来说，奖励作用的实现条件有两个：一是某奖励能否满足个体的需要；二是这种奖励能否被相关群众认可。管理者实施奖励的目的不仅仅是为了激励个人，更是为了激励群体。惩罚也是如此，只有罚当所罚才能产生积极的惩罚效应。所以管理者在考虑和设计奖惩激励时，必须综合考虑对个体和群体两个方面的心理效应。正如有人所说的：奖对一人，会鼓舞一片；罚对一人，能教育一片。相反，奖错一人，会冷落一片；罚错一人，会寒心一片。

5. 民主激励

民主参与管理是现代学校新型的管理方式，也是一种民主激励形式。参与管理需要学校领导建立一定的制度。吸引教师参加学校管理，其实质是让教师将其精神和情感灌注于学校工作中，通过主人翁责任感的获得，充分挖掘和集中教师的智慧和经验，为教师发表意见和建议提供机会，开辟老师参与学校管理工作的渠道，让教师为办好学校贡献他们的聪明才智。教师参与学校工作目标和计划的制定，就会产生积极的态度，激发他们内在驱动力，全力以赴地保证目标和计划的实现。

如在农村中小学中，通过选举选出来的党代会代表和教代会代表，或者学校遇到重大事项的决策临时征求某些教师意见等。一般来说，这些教职工都是教职工中工作比较优秀者，这既是让他们民主参与管理，也是一种荣誉，是比较典型的民主激励，同时，民主宽松的工作环境也会使教职工感到心情舒畅、工作愉快，从而自我激发其工作的积极性。

6. 榜样激励

榜样是学校精神的化身，是学校力量的缩影，是学校价值观念的集中体现者。现代心理学研究表明，任何人都有一种追求在群体中出众的内在冲动和强烈的愿望，同时也具有向榜样学习的内在心理倾向。把人的这种内在心理倾向、冲动和强烈愿望转化为具体的行为过程，是一个组织创造业绩的条件。想成为榜样是一种激励，向榜样学习也是一种激励。通常，组织树立的榜样具有与领导不同而与群众相同的社会角色，所以更有可模仿性和感召力，榜样以其持久的影响力激励着教师。

7. 情感激励

情感激励就是尊重人、关心人，对人倾注真挚而炽热的感情，从而激励人的积极性。学校领导者对教师的感情激励主要表现为对教师的尊重、关怀和帮助。尊重、关怀和帮助能对教师产生极大的心理效应，它对提高教师的归属感和责任感、密切人际关系、提高工作积极性，发挥着重要作用。但学校管理者也应注意，尊重要真诚，关怀要细致，帮助要及时。情感激励特别要强调心与心的交流，情与情的交融。

四、农村中小学教师的培养与考评

教师职业是个专业化很强的职业。教师的培养过程，就是促进教师专业化的过程。

（一）农村中小学教师专业化的途径

1. 学校组织的在职培训

随着科学技术的迅速发展，社会对教师的要求不断提高，教师也要求更新知识技能，转变教育思想观念。学校应该积极支持、鼓励教师积极参加在职培训，接受继续教育。

目前，许多学校都在开展校本培训。校本培训是立足校情，针对学校、教师的特点和学生实际情况进行的，以提高教师的理论水平和专业技术能力为目的的一种全员培训，是对教师进行继续教育的一种方式。校本培训可以是专家讲座型的，可以是经验型的，也可以是观摩教学型的。其优点是针对性强、实效性好、方便教师、费用较低。

许多学校在课程改革实验的过程中，通过以学代训、以研代训、以赛代训等培训形式，探索出了教师培训的新路子，为教师发展插上了腾飞的翅膀。

2. 教师个人的自主培训

虽然环境支持和鼓励是影响教师成长的重要因素，但这只是外因，教师成长发展的关键还是内因，靠自己努力。除了根据自己的不足，学习有关理论和技能，向有经验的教师学习外，非常重要的一点是对自己教育教学行为反思，在理论指导下研究问题，总结经验，提高能力。有的教师工作很长时间，水平之所以停滞不前，其重要原因就是不善于反思和更新。

“教学反思”是教师自觉对自己的课堂教学实践，进行全面而深入的冷静思考和总结，从而进入更优化的教学状态。反思是一种手段，发现问题就反思，总结经验才能升华。如今，教学反思对一些优秀教师而言已从教学要求转化为一种自觉的行为，成为他们每堂课后的必修课。

学校领导有责任帮助、支持、鼓励教师努力在职自修，提供自我进修的时间，组织教师系统自学，组织有经验、有水平的教师指导中青年教师根据自己的水平和需要，确定自修内容、时间和进度，并定期督促检查。

3. 教师集体对教师个体的帮助

好的教师群体是教师成长的必要条件，特别是教师之间和谐、融洽、互学、互助、互爱、互教的人际关系，包括领导者和教师群体对教师个体的期待关注，能激发教师的自尊心、自信心、上进心，在这样的环境中，新教师会很快地成熟起来。相反，在一个人际关系不良，充满互相排斥、忌妒、矛盾的恶劣环境中，个人在各种压力下摸索，非常不利于教师的发展和成熟。所以，农村中小学要特别重视学科教研组和年级组的群体建设。

（二）农村中小学教师评价

教师评价是实现教师发展的重要杠杆，也是学校教育管理的核心内容。随着教育改革的深入，素质教育的全面实施和新课程的逐步推进，迫切需要构建有利于加强教师职业规范，促进教师专业发展的评价体系。通过评价制度的规范化和科学化，进一步增强教师的责任感，激发工作的主动性和创造性。

1. 评价的指导思想

教师评价是教师调节教育行为的重要依据，也是促进教师专业成长，实现自我价值的重要手段。有什么样的教师评价，就有什么样的教育行为；有什么样的教育行为，就有什么样的教育结果。

教师评价的指导思想应该是以人为本、动态监控、立足现实、全程评价、注重发展、着眼未来，即坚持“以教师为本”的管理理念，尊重、理解、信任教师，充分运用评价的诊断、导向、激励、反思、提高和发展功能，通过自然的调查，全面充分真实地揭示和描述评价对象的各种特质，以获取有效的反馈信息，再用以调节改善管理方法。在实施过程中，注重多方位、立体式评价，实行评价权利分解和评价内容分解，重视教师的自我评价与反思，重视教师之间的互动评价，重视对教师日常工作的评价，重视对教师教学质量的评价和对德育效果的评价，从而最大限度地挖掘教师的潜力，更好地促进教师的专业发展和水平提升，努力达成一种以评价促反思，以反思促提高的良性循环，努力提高学校管理水平和办学质量。

2. 评价目标和原则

（1）目标

用新教育的理念和新教师观为指导，建立符合素质教育思想的，有利于新课程实施，有利于发挥教师主动性和创造性的教师评价体系，促进教师队伍的规范化与专业化建设，为广大中小学选用评价教师提供参考。

（2）原则

第一，重实绩。教育实绩是教育的最终结果，教育实绩中既倾注了教师的努力，也体现出教师的素养和能力。由于教育本身的复杂性，体现教育产品质量的实际成绩的内容和形式也将是多种多样的，长期以来，我们有一种将考试成绩、升学率作为最过硬的实绩，使得真正体现素质教育、培养学生多方面素养的优秀教师难以得到鼓励和肯定。

第二，重过程。教育对象是活生生的生命体，学生的基础不同、教育的难易程度不同，决定了同等的劳动付出与同等的教育水平获得的教育效果可能是不同的，因此，在评价教师劳动质量时也不能只看最终的产品质量，还要看整个教育过程中教师做了什么、做得怎样。过程评价就是要使评价尽可能准确地收集并反映教师完整工作过程中各种有效信息，力求全面反映教师工作的态度和水平。

第三，多元性。评价主体要多元化，突出教师的主体地位，建立以教师自评为主，学校领导、同事等共同参与、多向沟通的教师评价机制；评价方法、途径要多样化，建立以校为本、以教研为基础的教师个案分析、评点制度；要把形成性评价与终结性评价相结合，把定性评价与定量评价相结合，摒弃以学生考试成绩作为评价教师的唯一标准的做法；使评价更具有真实性和有效性，使教师获得全面、客观、公正和科学的评价。

第四，可行性。既要体现评价目标的共性要求，又要考虑地域环境和学校条件的差异，设计便于评价者普遍使用的科学、简便的评价工具，努力探索适合当地的、有利于引导教师自评和他评的评价方法，促使评价顺利实施。

3. 评价内容确立依据和具体标准

以教师职业特征分析为基础，以基础教育课程改革对教师专业化发展的要求为指向，结合教师发展状况，将教师评价内容确定为三大部分：教师素质、教育能力与教育绩效。

（1）教师素质是一个人是否适合做教师的前提。作为一名合格教师，应当具有五方面的素养，即思想政治素养、职业道德素养、教育理论素养、学科文化素养与教师心理素养。

（2）教育能力是教育质量的保证。一个合格教师应当具有教书育人的能力，既能精通学科，把书教得学生爱学、会学，又能沟通学生的精神世界，把握学生的思想情感，教育、影响、感染学生。

（3）教育绩效是教师工作成果的最终体现。教育绩效的根本体现在学生的发展上，有学习能力、学习水平的发展，有品德、个性与多种素质的发展，同时，教育绩效也反映在教育自身的发展上，尤其是对教育的理解与感悟，教学反思与研究能力的提高，因此，应将教育绩效分为三个内容：育人实绩、教学实绩、科研实绩。

总之，农村中小学教师评价指标的制订应与基础教育课程改革的精神相吻合，根据教师应履行的职责等来分析与确定，应包括对教师职业道德的评价、对教师专业发展水平的评价、对教师教学行为的评价等部分。其中，素质评价指标是教师实施教育教学的基础，能力和负荷评价指标是教师实施教育教学的关键，绩效评价指标是教师实施教育教学的最终目标。

4. 评价方法和途径

（1）教师自评（权重占 20%）

可应用自评量表、教学反思日记、阶段性工作总结、个案分析或成长记录等自我反思方式，与可比对象比较，调查问卷、经验交流或问题诊断等分析他人对自己评价的方式进行。要求能经常地反思，自觉地认识自己的优势与不足、给学生的形成性评价对学生全面发展的作用如何，客观地分析别人的评价意见，确定自我发展目标，实现可持续性发展。

（2）同事互评（权重占 20%）

可应用教学个案分析和研讨、说课、听课与评课、述职测评或展示成长记录等交流方式，调查问卷或互评量表等调查方式进行。要求建立教师教学个案研究制度，以教研组或年级组为单位进行互评，互评应持真诚态度，用发展的眼光看待，形成团结氛围，促进共同成长。

（3）领导评价（权重占 20%）

可应用面谈、座谈会、评课或教师述职等交流方式，日常观察、常规检查记录或教师成长记录等调查方式进行。要求领导评价时要实事求是，注意营造和谐、民主的氛围，关注教师个体差异和工作特点，体现人文关怀，注重发现教师的闪光点和进步，帮助教师树立自信心，实现自我发展。

(4) 专家组评议（权重占40%）

在课堂教学即时评议（随机抽查）、学生活动方案设计（即时）评议基础上，进行综合性评议（审核档案袋及逐级评议材料）。专家组成员要求在评价实施前两天从专家库中随机选定，并取单数。

(5) 复议

对校级评议结果有疑义的教师，允许在2周内申请复议。复议由仲裁小组（委托外地或外单位成员组成）主持进行，一般由教师、学校领导、学科专家、德育专家与教育行政部门各方代表组成。

附7：农村中小学教师管理案例

××学校教师评价指标体系

（一）教师素养

1. 政治素质：

①忠诚党的教育事业，有事业心；

②了解、贯彻党的教育方针政策，有责任感；

③在教育教学中坚持正确的政治方向和思想观念。

2. 职业道德：

①遵纪守法，为人师表；

②爱岗敬业，严格执行学校的各项要求；

③热爱、尊重学生和家长，公正公平地对待每一位学生。

3. 教育素养：

①了解掌握现代教育基本理论；

②具有较先进的教育观念，积极参与学校的教育教学改革。

4. 学科素养：

①精通本学科知识；

②具有较广和较深的学科背景；

③有较丰富的学科实践经验。

5. 心理素养：

①平和冷静处理人际冲突；

②面对困难和压力有承受能力；

③自我调节情绪，保持积极心态。

（二）工作能力

1. 教育能力：

①有亲和力，善于与学生沟通，关系融洽；

②处理好学生的心理、思想与生活问题，引导积极向上的精神生活，有影响力；

③有组织管理能力，营造健康活泼的班风和学风。

2. 教学能力：

①掌握教学基本功，完成教学任务；

②创设民主和谐的教学环境和氛围，在师生互动中实现教学相长；

③灵活处理教材，上课有启发性，善于调动学生的积极性；

④关注学生个别差异，满足不同学生的发展需要；

⑤能有效运用现代化教育手段，具有制作和运用多媒体课件的能力；

⑥具有多学科整合能力，能执教2门以上学科；

⑦能承担校级以上公开课。

3. 科研能力：

①具有科研意识，注重在教学教育中进行反思研究，积累教学资料；

②参与学校的教科研活动，有提出问题和解决问题的能力；

③主持县级以上课题研究。

（三）工作量

1. 教学工作：课时数；

2. 管理工作：岗位、项目；

3. 科研工作：承担课题、参与科研活动、积累科研资料。

（四）工作实绩

1. 育人实绩：

①师生关系和谐，受到师生的尊重、信任；

②所带班级班风学风良好，学生遵纪守法、品德良好；

③帮扶学困生有成效。

2. 教学实绩：

①教学氛围好，所教学科学生学业成绩良好，学习兴趣和学习能力有提高；

②教学有特色（获得教坛新秀、学科带头人、特级教师等荣誉）；

③转化差生有成效。

3. 科研实绩：

①积极投身教学教育改革，通过教科研解决实际问题，提高教育教学效能；

②完成县以上立项课题；

③发表科研论文。

（五）计分办法

1. 上述各项指标采用等级评定法（分 ABCD 四等）——A：5分；B：3 分；C：1 分；D：0 分。

2. 教师自评、互评及校领导评议各占最后评分的 20%，专家组评议占最后评分的 40%。

表 9—1 教师考核评价样表

××学校教师考核评价样表

<table>
<tr><th colspan="3">评价标准</th><th colspan="4">指标达到度</th></tr>
<tr><th colspan="2">指标</th><th>指标要求</th><th>完全达到
(A)</th><th>基本达到
(B)</th><th>偶尔达到
(C)</th><th>未达到
(D)</th></tr>
<tr><td rowspan="2">……</td><td rowspan="2">……</td><td>……</td><td></td><td></td><td></td><td></td></tr>
<tr><td>……</td><td></td><td></td><td></td><td></td></tr>
</table>

第十章　农村中小学校园文化建设

农村中小学是进一步促进农村接受义务教育的孩子身心健康成长、实现孩子可持续发展、实现人生价值的最重要的阵地。随着国家对农村义务教育阶段教育的高度重视和素质教育的不断深入，如何针对教育对象和主体的特殊性，提升农村中小学校园文化建设的品位，探寻文化育人的真谛，是摆在我们面前的重要课题。在农村中小学标准化建设全面完成后，学校应苦练内功，走内涵式发展之路，而加强校园文化建设是实现内涵发展的重要途径。

一、农村中小学校园文化建设概述

学校是传承和发展文化的重要育人场所，应该拥有浓厚的文化气息。使生活在校园里的师生思想道德得到熏陶，个人修养得到提升，并能紧跟时代步伐，接受现代文明，吸收精神的营养。因此，学校不仅在课堂中给学生传授知识，而且整个学校的每一项活动都应渗透着文化气息，具有润物细无声的无穷文化魅力，让孩子们茁壮成长。

（一）校园文化的内涵

一所学校的文化底蕴越厚，学校发展的基石就越牢，潜移默化的影响就越大，就会形成一个巨大的教育磁场。所谓校园文化，是由教师和学生以校园为空间背景，围绕教学活动和校园生活而创设并共享的，以文化冲突与整合为表征的亚文化系统。它是整个学校存在、发展方式的总和，是学校特有的精神风貌和文化氛围的统一，是办学目标、校风校貌、学校传统等的综合体现。它主要包括校园环境文化、制度文化、精神文化和行为文化。

校园环境文化主要指校园的景观、设施等各种物化存在所体现出的文化意义，它是人的思想（包括哲学、伦理、美学等）的外化；校园制度文化主要是指学校的传统习惯、办学理念和规章制度以及教学科研工作模式，它是校园文化建设的规范和准则；校园精神文化是指学校师生员工群体的思想意识、舆论风气、心理素质、人生态度、价值取向、精神风貌，它是校园文化的核心和灵魂；校园行为文化主要是指学校的各种规章制度，即行为规则、行为要求所呈现出的文化内涵，它是对校园文化某种价值观的具体化、规范化。四个层面相辅相成，浑然一体，是一个极为复杂的总和。

（二）校园文化的特征

1. 独立性

校园文化是在一个特定的环境中产生，又在特定的历史过程中逐步发展而成的概念，既有广义上的共性，又有校际之间的差异。因此，无论从地理上还是历史上都融合了自身进程中的不同色彩与不同精神物质，具有相对的独立性。我们常说的“哈佛精神”、“北大精神”就凸显了校园文化独立性的这一特质。

2. 扩散性

一种稳定的校园文化总是以其独特的方式向外界传递、渗透着它的精神、思想、思维方式和生活方式，同时也通过学校师生将它的文化在与时俱进的社会大潮中一代一代地融合传递下去，并有意无意地影响着周围的人们。无论你接受与否，它都在你身边存在着，这种潜移默化、滴水穿石的功效，也是校园文化的一个重要的特征。

3. 长期性

校园文化的形成不是一种短期行为，它有其自身发生、发展、繁荣乃至再生的漫长过程。没有历史的学校是形成不了校园文化的。这种文化的形成应在长期的形成过程中逐步为社会所接受、认可，并体现其特有的社会价值。

4. 从属性

校园文化的载体是学校，学校是社会的组成部分，学校教育是社会的上层建筑，因此校园文化同样脱离不了大社会经济文化背景的影响和制约，正是由于从“属性”的这一特点，才能不断给校园文化注入盎然的生机与活力，使之成为校园文化发展的基础和动力。

（三）校园文化的功能

1. 认识功能

校园文化渗透着社会文化和民族优秀文化。学生有旺盛的精力和强烈的求知欲，在校园里有意识地开展一些健康的文化活动，可以使学生了解社会，认识人生，认识改革开放带来的新气象，了解和学习中华民族的优秀文化传统和勤劳勇敢善良的美德，了解、认识中国国情。开展校园文化是使学生全面发展的有效手段，有利于学生提高素质、丰富阅历，有利于学生形成科学的人生观、价值观。

2. 娱乐功能

青少年学生正值受教育、学知识、长身体的关键时期，担负着繁重的学习任务。康乐型的校园文化活动，不仅能够使他们调剂精神，保持乐观向上的情绪，而且能够起到“以乐醒人”、“以美育人”的作用，有利于身心的健康发展。

3. 导向功能

校园文化的内容、校园文化的方式以及校园文化所形成的文化环境和文化氛围，对学生有着直接或潜移默化的导向作用，深刻影响着每个学生的思想品德、行为规范和生活方式的选择，具有滴水穿石的力量。

校园文化寓教于乐，寓教于美，增添了德育工作的艺术性，使学生在喜闻乐见的文化活动中和谐地接受思想政治工作教育的内容。

4. 育才功能

一些学校在育人方面，与党的教育方针的要求，尚有一定差距。

有的片面追求升学率，忽视了美育，造成学生知识面狭窄，文化修养不足，实践能力低下等不良后果。丰富多彩、健康活跃的校园文化是课堂教学与社会实践的交会点，能够巩固、加深课堂专业知识，扩大学生的知识领域，发展他们的独立思考和积极创造能力。校园文化还可以发挥学生的各种潜能，锻炼多方面的能力，如写作能力、组织能力、社交能力、活动能力等。开展校园文化的过程，实际上就是学生自我表现，自我教育，自我管理，自我提高，不断社会化的过程。

校园文化的功能，集中体现在它能优化育人环境，有利于培养德、智、体、美、劳全面发展的社会主义新人方面。

二、农村中小学校园文化建设的重要意义

（一）农村中小学校园文化建设现状

我国农村中小学校园文化建设由于历史的原因，远远落后于时代的要求，制约着基础教育的发展，势必影响社会主义新农村建设的进程。

1. 点多面散，基础薄弱

在几十年的发展过程中，农村中小学仍然存在点多面散的现象。如某地 2004 年前有 14 所村完小，到 2007 年合并成 6 所完小。上级教育投资落实到各校已成杯水车薪，难以对学校的体育、文化等设施进行根本性的改造。这在很大程度上影响了校园文化建设。要想把因农村实情而造成的落后校园文化建设局面短时间内改变是有一定困难的。

2. 思想不能与时俱进，认识片面

少数农村中小学管理者受到传统管理思想的影响，认为校园文化建设只是学校硬件方面的建设，只要把学校环境整治好，把校舍修得好看一点，校园文化建设就成功了。这是一种纯物质的、片面

肤浅的理解。在新课程改革的春潮中，少数教师育人理念“涛声依旧”，对学校的各种育人设施缺少动态管理、运用，使育人设施成了一种摆设，导致学生熟视无睹；少数教师对学生的要求过于严格，影响了学生个性生成。

3. 办学理念混乱，欠缺继承性

部分农村中小学没有结合学校的实情制定长远、合理的规划，办学理念没有形成，过于跟风走，没有形成特色。少数教师认为素质教育就是唱歌、跳舞、画画，不需要检测学科成绩；以学生为本，就是让学生想怎么说就怎么说，想怎么做就怎么做，忽视教师的引导作用。有的中小学因校长变动较频繁，导致办学理念更替，没有延续性、继承性，使得师生无法适应这种变化无常的调整，校园文化建设原地踏步。一些文化活动看起来丰富多彩，却是以完成上级的有关活动布置为目的，看起来热热闹闹，却难以体现德育的实践性原则和长期性原则。

（二）农村中小学校园文化建设的重要性

农村中小学大多地处偏远山区，交通不便，信息闭塞，经济文化发展缓慢落后，教育经费十分紧张。在实施科教兴国战略，推进教育均衡发展的进程中，校园文化以其潜移默化的方式，深刻持久的教育效果成为农村中小学一条投资少、效果好的重要教育渠道。对深化教育改革，培养德、智、体、美、劳全面发展的社会主义接班人具有重要意义。

改革“应试教育”、推行“素质教育”是当前教育改革的重要任务。学校是培养德、智、体、美、劳全面发展的人才的重要基地。但在“应试教育”的弊端影响下，一些农村学校把注意力集中在升学率上，重智育、轻德育，忽视体育、美育，这种教育选择模式的严重失调，影响学生道德观念的正常选择和确立，导致许多不文明现象的发生。这些问题的出现，反映出校园精神文化的匮乏，缺乏健康向上的思想约束。以人为本的校园文化建设承载着精神文明建设的使命。良好的校风离不开校园文化建设，脱离文化行为的配合，很难达到教育改革的目的。因此，农村中小学校园文化建设是教育改革的需要，是教育发展的必然。

2006 年 5 月教育部下发了《关于大力加强中小学校校园文化建设的通知》。通知强调，“各地必须高度重视校园文化建设”。时至今日，许多农村中小学已认识到校园文化建设的重要意义。为了真正使校园文化发挥其潜在而巨大的教育功效，我们有必要重新审视农村中小学校园文化建设行为，加深校园文化建设内涵的理解，深入研究农村中小学校园文化建设的艺术。良好的校园文化以鲜明正确的导向引导、鼓舞学生，以内在的力量凝聚、激励学生，以独特的氛围影响、规范学生。大力加强中小学校园文化建设，对于增强德育工作的针对性和实效性，实施引导青少年树立社会主义荣辱观、加强和改进未成年人思想道德建设这一重大而紧迫的战略任务，努力培育有理想、有道德、有文化、有纪律，德、智、体、美、劳全面发展的中国特色社会主义事业的合格建设者和可靠接班人具有十分重要的意义。

1. 加强校园文化建设对于全面推进农村中小学素质教育具有重要的作用。学校教育不单纯是知识的简单传授，更重要的是施加学生以文化气质、行为习惯和道德风貌，使学生的素质得到全面提高。以社会主义荣辱观为导向，以中小学生为主体，以建设优良的校风、教风、学风为核心，以优化、美化校园环境为重点，以丰富多彩、积极向上的校园文化活动为载体，努力形成厚重的校园文化积淀和清新的校园文明风尚，必将使学生在日常学习生活中接受先进文化的熏陶和文明风尚的感染，身心得到健康发展，素质得到全面提高。

2. 加强校园文化建设是实现农村中小学可持续发展的需要。校园文化是一种无形的精神力量，它潜移默化地熏陶、感染着学校的每一位师生，对塑造思想、陶冶心灵、发展个性、促进师生的健康成长和全面发展具有不可替代的作用。良好的校园文化能够激发师生对学校的认同感，形成向心力和凝聚力，调动师生的积极性、主动性和创造性，使其始终保持高昂的情绪和奋进精神，从而产生一种巨大的鼓舞人心的精神力量，形成学校活力，实现学校可持续发展。

3. 加强校园文化建设是推进社会主义精神文明建设和新农村建设的必然要求。校园文化是整个社会文化的有机组成部分，是社会主义精神文明建设和新农村建设的重要内容。农村中小学校作为社会主义精神文明建设和新农村建设的重要阵地，加强校园文化建设，不仅可以为广大师生营造良好的学习、生活、工作环境，陶冶师生高尚的道德情操，培养积极向上的人生态度，提高师生的文明程度，而且可以通过学校辐射社会、带动家庭、推动整个社会精神文明建设和新农村建设。

三、农村中小学校园文化建设的内容和措施

（一）农村中小学校园文化建设的基本内容

校园文化是学校理念文化、物质文化、精神文化、制度文化的有机结合体。农村中小学要根据自身实际，以校为本，在加强师德建设的基础上，建设特色校园文化。

1. 理念文化的建设。理念文化体现党和国家的教育方针、政策，包括学校的办学理念和办学宗旨等，它决定了学校的办学方向和办学特色。农村中小学的理念文化要基于乡土实际，既能反映出校园文化的一般性，又要有自身的特殊性；要以校为本，以人为本，把为师生创建安全的氛围和对师生员工的人文关爱放在突出位置，形成适合自己的校园文化建设思路。

2. 物质文化的建设。物质文化是推进学校文化建设的基础，它

只有达到美观清洁化、绿色化、规范化、育人化才能推进校园其他文化的发展。

美观清洁化。马克思说："人创造环境，同样环境也创造了人。"创造美好的环境是培养学生良好性情的需要。校园环境的布置应以新颖、美观、大方、实用为原则，给师生以舒适的感觉和美的享受。随着国家对农村中小学经费投资的加大，农村中小学一些基本的硬件设施已得到更新，校舍内外都焕然一新，这就要求保持清洁。校园清洁要做到"五无"，即地面无杂物痰迹，墙面无污渍，桌椅无刻印，门窗无积尘，卫生无死角。要实现美观清洁化，学校要培养学生"校园是我家，爱护靠大家"的主人翁思想。

绿色化。由于历史原因，农村中小学校园绿化面积较少。随着生均公用经费的落实，农村中小学应该合理使用办学经费，努力在教室前后、操场周围等处增加绿色面积，以满足师生的教学、生活、活动和审美需求。只有在充满生命力的绿色环境中学生才会产生美的感受。

规范化。俗话说："没有规矩，不成方圆。"区划调整使农村中小学越来越趋规模化，反映学校个性的规范化内容——校徽、校服、校训、校旗等就要逐渐体现出来。农村中小学要在自己学校理念文化的引领下，设计具有自己风情的校徽、校旗，提出促进师生发展的校训，要在家长自愿的原则上实现最大多数学生统一着装，形成鲜明的校园集体形象。

育人化。苏霍姆林斯基说："要使学校每一面墙壁说话，发挥出人们期望的教育功能。"学校应将校风、校训、名人画像、警句合理分布于醒目的位置，班级应将国歌、国旗、班风上墙，办公室内应该张贴祖国地图，让师生从中吸取丰富的养料，增强爱国主义情感和自律自觉性。在操场、绿化带、食堂、自来水龙头等处可以树立一些给师生以温馨提示和警戒作用的标语，如"生命在于运动"、

“有一种恩情是手下留情，有一种爱心叫脚下留心”、“谁知盘中餐，粒粒皆辛苦”、“以滥用水为耻，以节约水为荣”等，以逐步形成和谐、向上的校园风尚。

3. 精神文化的建设

校园精神文化蕴涵着师德的力量，是校园文化的核心内容，具体体现在校风、师德师风、学风上。

(1) 校风建设。好的校风能激发学校成员的内在动力，催师生奋进，使每一位校园人的集体感日趋巩固。良好的校风包括发扬优秀的传统文化和开拓丰富的课外生活。

重视发扬传统文化。农村中小学要结合符合国情的主题教育日安排相对固定的师生活动时间，如每学期要坚持举行开学典礼和期末表彰；组织好“五一”、“六一”、“十一”、“元旦”等重大节日及传统节日的庆祝、纪念活动；要确立符合本校实际的传统活动，如田径运动节、野炊活动周等，让学生在学习之余增强体质，探索自然乐趣，陶冶情操。每学年要评选表彰优秀、进步的师生，鼓励教师爱岗敬业，激励学生立志成才。

开拓学校课余生活。农村中小学要设立宣传橱窗、开办少先队广播站，结合重大节日和教育形势进行安全、禁毒、爱国等主题宣传，表扬好人好事和先进事例，弘扬校园文化的主旋律。要为学生订购一定数量的报纸和杂志，让学生从书本中解放出来，在更广的知识海洋里遨游。要积极组织学生参加健康的文化娱乐活动，根据学生兴趣、爱好、特长组建不同的兴趣小组并打造本校的特色项目。丰富的课余生活将会给学生留下美好的记忆，他们的思想价值观念会在充实而有意义的活动中得到洗礼。

(2) 师德师风建设。师德师风是教师群体在教育实践活动中形成的教育教学的特点和风格。我国汉代哲学家杨雄说：“师者，人之模范也”。学校是育人的场所，而教师是人才的培养者，教师只有为人师表、树立崇高的师德形象，才会引导学生形成良好的学风，受到社会的尊重。

首先，树立良好的师德形象。教师要认真学习胡总书记强调的“一个精神，三个必须，四点希望”，贯彻新修订的《中小学教师职业道德规范》精神，对工作充满热情，对学生充满爱心，尊重学生的个性发展和个体差异。在课程改革潮流中，要通过校本培训接受新的教育理念，在教学上推陈出新，从而形成崇高的师德形象和“严谨、敬业、爱生、创新”的教风。

其次，规范文明行为。孔子曰：“其身正，不令而行；其身不正，虽令不从。”学生总是把教师看做学习、模仿的对象，所以，教师需要从小事做起，率先垂范，以高尚的人格感染人，以整洁的仪表影响人，以和蔼的态度对待人，以丰富的学识引导人，以博大的胸怀爱护人。只有这样，学生才会“亲其师，信其道”，进而“乐其道”。

再次，爱满天下，关爱学生，尤其关爱贫困、留守学生。教师心里要始终装着学生，站在学生的角度去换位思考；在备课中重视“备学生”这个环节，实现教学相长。随着社会的进步、经济的发展，农村不太富裕的农民外出务工者越来越多，导致留守儿童在校园内越来越多。留守儿童因家庭教育的滞后而成绩下滑，幼小的心灵渴望得到呵护。为了引导留守儿童健康成长，学校应该从物质上、思想上都关心他们，对每位留守学生做好详细的情况记录，了解他们的家庭状况，在教育时因人而异，有的放矢。学校要组织教师向贫困生、留守学生献爱心；主动与妇联、社会慈善团体联系，为贫困生、留守生争取助学款；精心组织贫困生、留守生参加有意义的校园文化娱乐活动，引导他们在温暖的校园集体中快乐学习、健康发展。

（3）学风建设。学风是指学生集体在学习过程中表现出来的治学态度和方法。优良的学风能培养学生健康的人格，促进学生和谐发展。学校少先队、班主任、科任教师要结合《中小学学生日常行为规范》、《小学生守则》对学生开展扎实生动的教育，避免空洞的说教，做到“润物细无声”，如开展读书活动、观看爱国主义电影、办好校园宣传阵地与广播站等，引导他们明确前进的方向，学会自强、自理、自立、合作互助，提高承受挫折的能力，树立“书山有路勤为径，学海无涯苦作舟”的勤学精神，为他们形成积极向上的人生观和价值观打下基础，让团结友爱之风吹遍校园。

4. 制度文化的建设

校园制度文化是学校正常秩序必不可少的保障机制，它的建设应遵循教育规律和教育法规、政策。学校要建立起完整的规章制度，规范师生的行为，以保证校园各方面工作和活动的开展与落实。同时，学校要加强对执行和落实制度的组织机构和队伍的建设，如政教处、教导处、总务处、少先队、团委等，以保证各项制度落到实处，并使其真正起到规范全校师生员工言行的桥梁作用。

（二）农村中小学校园文化建设的主要措施

1. 认真抓好校园文化建设的规划

校园文化建设是一项系统工程、长效工程。学校要把校园文化建设列入重要议事日程，纳入学校建设与发展的长远规划和年度计划，并认真组织实施。校园文化建设要精心设计，制订切实可行的工作方案，方案一经确定，就要坚持不懈，全面部署、全员参与、全程运行、全面落实。

2. 加大对校园文化建设的投入

学校要在当地政府的领导下，加大对学校布局调整、校舍建设和改造、校园绿化美化、教育教学实施配备、校园网建设、宣传设施布局、教师培训、节庆活动等方面资金投入的力度，并最大限度地提高资金使用效益。

3. 大力开展丰富多彩的校园文化活动

活动设计要体现普遍参与性、高雅性、益智性和趣味性原则，突出学生的主体地位和创造性；活动内容要体现实践性和综合性，要有利于突出校园文化精神，有利于培养和锻炼学生的综合素质。要充分利用好"五四"青年节、"六一"国际儿童节、"七一"建党纪念日、"十一"国庆节及教师节等重大节庆日，"九一八"、"南京大屠杀"等国耻纪念日，清明节、端午节、中秋节、重阳节等传统节日，设计、开展丰富多彩的活动。利用入学毕业、入队离队、入团等有特殊意义的日子，开展主题教育活动。

要坚持每周一次的升国旗仪式。要保证共青团、少先队每周的活动时间和条件。要强化课后科技、艺术、体育、娱乐活动，广泛组织多种类型的兴趣小组和学生社团活动。每学年都应组织一次体育运动会和艺术节、科技节及读书、读报、演讲等活动。要保证学生每天一小时体育活动，重视课间特别是大课间体育活动，使学生放松身心、增强体质。要利用午间、课间、课余时间开展每周一歌、每周一诗、每周一文、每周新闻发布等形式多样的活动。充分发挥学生合唱团、器乐队、舞蹈队、运动队以及各类兴趣小组和学生文学社团等积极作用。

4. 重视发挥师生在校园文化建设中的主体作用

在校园文化建设活动中，重视发挥师生的主体作用。要采取有力措施，动员广大师生全员、全程、全方位自主参与校园文化建设，让师生在主动参与中得到锻炼，提升知识品味、文化修养及价值观念，实现师生和学校共同发展、共同提高。要充分调动广大教师参与校园文化建设的积极性、主动性、创造性，加强培训，不断提高广大教师参与校园文化建设的意识和能力，发挥他们在校园文化建设中的示范和表率作用。要特别重视校长和骨干教师在推进校园文化建设中的主导作用，把对校园文化建设的要求作为校长和骨干教师培训的重要内容，使每一个校长和教师都树立加强校园文化建设的责任感和紧迫感。

5. 把校园文化建设与各类创建活动结合起来

校园文化建设不是孤立的建设活动，而应把它定位为各类创建活动的集合，与德育示范校、安全文明学校、花园式学校、绿色学校、体育传统项目学校、少年军校、艺术示范学校、语言文字规范化示范学校等的创建工作结合起来，把它作为提高学校管理层次，体现学校办学特色，推动学校不断向更高层次迈进的有效载体，突出特色、丰富内涵、形成传统、体现创新。

6. 创造和谐的校园人际关系，促进校园文化建设的开展

荀子曰："蓬生麻中，不扶自直。白沙在涅，与之俱黑。"这充分说明了环境对人的潜在影响。校园人际关系是一种高级的校园文化，是一种软文化。良好的人际关系不仅可以使学校团结民主，稳步发展，而且师生关系和谐，平等学习，还能促进学生健康成长，形成良好的集体意志和合作精神。

(1) 谋求团结的学校关系

学校是社会的重要组成部分，离不开社会各界的关心和支持。学校关系包含两个层面的意思：一方面是指学校要着力打造教育品牌，办成人民满意的教育，通过自身的努力妥善处理与社会各界的工作关系，加强对话、沟通、理解和合作，争取对教育的政治投入、经济投入和精神投入；另一方面，校园文化的建设要靠学校领导民主决策，要靠老师的精心安排布置、指导，要靠学生动脑动手，完善内容。只有大家团结协作，谋求发展，才能实现工作目标。

(2) 构建和谐的师生关系

师生关系是学校教育过程中最基本的人际关系，融洽和谐的师生关系是取得最佳教育效果的前提。一方面，要求教师培养崇高的师德修养、良好的精神风貌和强烈的爱生之心，鼓励教师以情感人，

以理服人，以智启人，做学生的知心朋友，为人师表，率先垂范；另一方面，要求学生要尊敬教师，勤学守纪，充分理解和尊重教师为学生付出的艰辛劳动和辛勤的汗水，认识到教师所独具的"蜡烛"精神和"黄牛"精神，化精神为动力，"投之以桃，报之以李"。

（3）营造健康的学生关系

学生之间的人际关系，直接影响学生的健康成长和优秀集体的形成。如何帮助"留守生"成为一个新的课题。学校通过各种宣传途径和活动载体，有目的地引导学生遵循守纪、理解、团结、互助的基本原则，克服忌妒、自卑、自傲、自私等不良心理，积极鼓励学生充满自信，公平竞争、助人为乐、宽以待人，提倡同学之间学习上互帮互学，共同进步；生活上一人有难，八方支援；纪律上互相督促，互相提醒；思想上互相交流，互相提高。同时，学校要增开心理课、增设心理咨询室，加强学生的心理疏导，帮助他们解除烦恼。这样，学校的校风、班风、学风就能得到健康的发展，步入良性发展的轨道。

7. 加大校本课程开发力度

校本课程是校园文化的具体体现之一，也承载着校园文化的部分内容，同时也彰显着校园文化的内涵。它具有浓厚的地域特色，以它作为校训、校魂、办学理念的载体再合适不过了。我们可以围绕农村中小学校园文化主题，收集"民族特质"（富有地方色彩）的资料编写，并作为必修课程传给学生，那么，校园这面"文化之旗"，就会永远飘扬，经久不衰。

（三）农村中小学校园文化建设应遵循的原则

1. 以人为本原则：高度重视"人"的作用，重视师生积极性的充分发挥，把培育学校人文精神作为建设的主攻方向。实现"提升校园文化品位，强化校园文化的育人功能，依靠校园文化为载体，达到让每一面墙壁会说话，每一棵树木能育人的目标"。

2. 实践性原则：校园文化重在建设，贵在实践，突出特色，结合学校实际，开展符合学生特点，形式喜闻乐见、师生参与性强，深受广大师生喜爱和支持的校园文化活动，重视校园物质文化建设和非物质文化建设。

3. 整体性原则：校园文化建设是个系统工程，具有层次性、具体性、全面性等特点，要统筹兼备，全员参与，持之以恒。健全完善各项管理制度，营造学习氛围浓厚、创新意识强烈、身心愉悦的工作环境，体现严谨求实的工作作风。

4. 发展性原则：校园文化具有发展性、动态性等特点，要与时俱进，不断创新，坚持弘扬时代主旋律，体现发展主题，培育时代精神。

附 8：农村中小学校园文化建设案例

山东桓台乡村“少年宫”模式

2007 年以来，山东省桓台县着眼于推进城乡协调发展，共享改革发展的文化成果，把建设“乡村少年宫”作为推进农村未成年人思想道德建设的突破口，整合教育资源，搭建教育平台，初步解决了农村未成年人工作阵地、队伍、活动、制度等方面的“瓶颈”制约，促进了农村未成年人的健康成长和全面发展。

乡村少年宫是以农村中小学校现有教育资源为依托，以农村未成年人为主要服务对象，以开展思想道德教育和文体科技活动为重点，以培养孩子们做一个有道德的人和满足基本课外活动需求为目标的公益性教育文化辅导机构和农村未成年人活动场所。它既是青少年的活动场所，也是推进素质教育的载体和阵地，它的建成极大地满足了农村未成年人对优质教育资源的渴望，为农村未成年人的健康成长和全面发展创造了良好的条件。

乡村少年宫按照创建品牌、突出特色的基本要求，确定了“统一规划、因镇而异、一校一策、分步实施”的工作原则和“全面展开、整体推进、重点突破”的运作方式，建成功能设施比较完善的乡村少年宫30所，开展的各项活动覆盖县内所有中小学，实现了“三大延伸”：空间上从学校向村庄社区延伸，时间上从课内外活动向节假日延伸，活动内容由过去注重文体活动向注重综合实践活动延伸，实现了乡村少年宫建设的科学发展。

“乡村少年宫”具备下列功能：

1. 思想道德教育的阵地。“乡村少年宫”是开展农村未成年人思想道德建设的重要载体，是实施青少年社会教育的重要机构，是举行青少年文体科技活动的重要阵地。要按照社会主义核心价值体系的要求，全面落实党的教育方针，提高农村未成年人的思想道德素质、科学文化素质和健康素质，培养德智体美劳全面发展的社会主义合格建设者和接班人。

2. 文体活动开展的基地。要通过“乡村少年宫”活动的开展，向农村未成年人普及科学技术、劳动技术、文学艺术、体育等方面的知识，开阔他们的眼界，发展他们的兴趣爱好，培养他们勤动手、善思考、敢创新的良好习惯，使他们在实践中增长才干。

3. 城乡交流的平台。“乡村少年宫”不仅是农村未成年人教育的阵地，同时也是城区学校的农村教育基地。“乡村少年宫”可以作为城区学生与农村学生互动交流的平台，可以作为城区学生开展实践教育和体验教育的第二课堂。

4. 社会能力培养的实习地。“乡村少年宫”对未成年人的教育主要是通过丰富多彩的实践性、趣味性、教育性、灵活性很强的活动来实现的，在配合学校教育培养未成年人全面发展、适应社会方面起着重要的作用。

5. 农村文化建设的中心。“乡村少年宫”是建设社会主义新农村的重要载体，是乡村文化传播中心和知识信息中心，要通过丰富多彩的宣传教育活动、联谊活动、亲子活动，营造新农村文化氛围，吸引广大农民参与，以点带面，促进乡风文明。

乡村少年宫在运行中坚持公益性原则、基础性原则、依托学校管理的原则、特色发展原则。随着基础性工作的不断完善，乡村少年宫呈现出三种发展模式。

一是“校外龙头式”发展模式。选择相对独立的场地，建设规格高、设施全、有特色的中心型乡村少年宫，发挥龙头作用，带动周边学校开展活动。如索镇少年宫等3所中心少年宫，利用自身优质的设施和师资力量，统筹安排活动时间、活动内容，方便各学校轮流前来开展活动。

二是“校内独立式”发展模式。依托原有教学设施，划出专门区域，拓展活动功能，日常用于本校学生文体活动，节假日向社会开放，为附近农村未成年人提供服务。如马桥镇金诚少年宫等5所少年宫，成立了绘画、科技、舞蹈、英语、腰鼓等学生活动小组，活动场所与常规教室分离，使学生课外活动拥有相对独立的空间。

三是“校内交替式”发展模式。在条件相对较差、尚不能建设独立少年宫的乡村，采取整合学校现有校舍和教师资源的方式，以学生兴趣小组为依托，合理调整课程安排，使正常教学和课外活动在相同的教室、不同的时间内交替进行。如田庄中学少年宫等22所少年宫，实行课程表与课外活动安排表“两表并举”，教室与活动室、教师与辅导员“一室（师）双用”。在运作上打破班级限制，根据学生的年龄特点和兴趣爱好分配活动场所和辅导教师，使教学与活动交叉进行、互相促进。

乡村少年宫活动坚持实践性、趣味性、教育性、灵活性等特点，通过开展丰富多彩的活动吸引未成年人积极参与。乡村少年宫广泛开展了“做一个有道德的人”、“国学经典诵读”等主题实践活动，帮助孩子们养成良好习惯，塑造高尚情操，提高人文素养。同时，把曲艺表演、剪纸艺术、民乐演奏、手工编织、陶艺制作、中华武术等民族文化以及科技制作、西洋乐器演奏等项目引进乡村少年宫，增强了少年宫活动的吸引力，满足了学生全面发展的需要。通过乡村少年宫的学习实践，孩子们丰富了知识，学到了技能，提高了自身综合素质。

桓台县在实施乡村少年宫建设过程中，既从舆论引导、活动策划、社会参与等方面进行全面发动，又从领导体制、资金投入、师资配备、组织管理、功能拓展等多方面进行科学管理和机制保障，建立健全了一系列建设、推进、运行、监督、评估机制，使乡村少年宫建设走上了科学化、规范化、有形化的发展轨道，呈现出旺盛的生命力和发展活力，促进了乡村少年宫的全面发展。

参考文献

1. 汪卫平：《以现代学校制度建设推进教育改革》，新教育探索，2007（1）。

2. 陈永明：《教育行政新论》，华东师范大学出版社，2003（2）。

3. 张梦泉：《农村中小学管理刍议》，福建教育学院学报，2006（3）。

4. 纪立建：《大力发展农村教育，实施科教兴国战略》，中学文科：初中语政外，2004（1）。

5. 郝杰：《对农村基础教育缺失的理性思考》，中国农村教育，2008（9）。

6. 李慧君：《我国课程管理的主要问题及改革建议》，课程·教材·教法，1998（7）。

7. 吴军、付淑杰：《扎实开展行动研究，推进教师专业发展》，中国农村教育，2009（3）。

8. 陈桂生：《关于“教育目的”问题的再认识》，河北师范大学学报（教育科学版），2005（2）。

9. 朱东、田丽：《教育要以提高人的思想道德素质为核心》，2006年中国科协年会论文集，2006。

10. 章迪思：《教师应成为终身学习者》，解放日报，2004（11）。

11. 魏素珍、赵国增、王振京：《养成教育在学校教育中的功能与意义》，教学与管理·理论版，2006（8）。

12. 张晓红：《创新性班级管理模式的构建》，教学与管理·理论版，2006（8）。

13. 李祥云：《谈中小学校的精细化管理》，基础教育参考，2007（12）。

14. 林格：《教育就是培养习惯》，清华大学出版社，2007。

15. 夏茂林：《农村教师队伍不稳定的成因及对策探析》，教育探索，2006（1）。

图书在版编目（CIP）数据

农村中小学管理/成文凯，李印霞，赵永峰编著. —北京：中国社会出版社，2010.1

（农村政策与管理系列丛书/崔富春主编）

ISBN 978－7－5087－2959－6

Ⅰ.①农…　Ⅱ.①成…②李…③赵…　Ⅲ.①农村学校：中小学—学校管理—研究—中国　Ⅳ.①G637

中国版本图书馆 CTP 数据核字（2009）第 214436 号

丛 书 名：农村政策与管理系列丛书
书　　名：农村中小学管理
编　　著：成文凯　李印霞　赵永峰
责任编辑：王秀梅　逄玉静

出版发行：中国社会出版社　　邮政编码：100032
通联方法：北京市西城区二龙路甲 33 号新龙大厦
电话：（010）66080300　　（010）66083600
（010）66085300　　（010）66063678
邮购部：（010）66060275　电传：（010）66051713
网　　址：www. shcbs. com. cn
经　　销：各地新华书店

印刷装订：北京市优美印刷有限责任公司
开　　本：140mm×203mm　1/32
印　　张：6. 375
字　　数：156 千字
版　　次：2010 年 1 月第 1 版
印　　次：2014 年 3 月第 3 次印刷
定　　价：12. 00 元